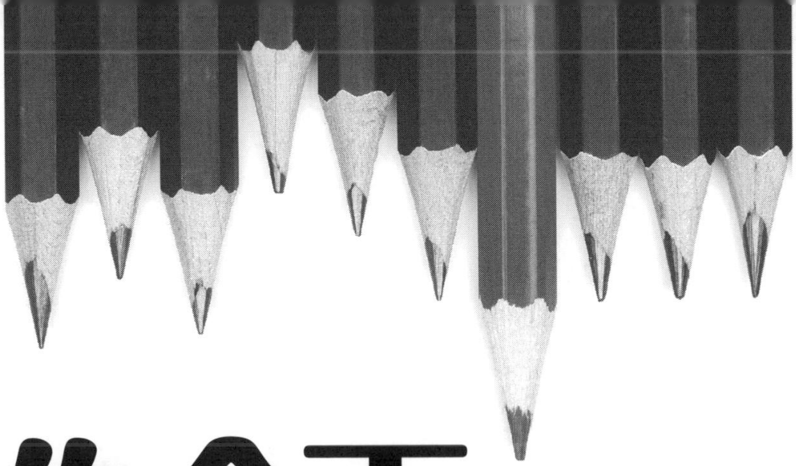

你今天寫了沒？

寫出斜槓人生的深度練習法

自學之神
金敏植——著
黃孟婷——譯

不是因為生活特別才寫，
而是因為每天寫才讓生活變得特別。

【台灣版序言】

寫作是良性循環，沒有任何事比得上

二〇一五年二月，為了拍攝電視劇《女王之花》，我去了台灣高雄。當時我完全迷上了高雄的美麗風光。每當拍戲的空檔就會造訪高雄的各個觀光名勝。我還曾上傳一篇文章到部落格，名為「台灣高雄一日旅行推薦路線」。我規劃了一日行程的順序如下：西子灣－愛河－蓮池潭－駁二藝術特區－英國領事館－旗津海岸公園－旗津燈塔－六合夜市，利用腳踏車和渡輪就能遊玩一天。跟我一起出差的後輩後來看到我的部落格文章嚇了一跳，他很驚訝於明明是在同樣的時空之下，我卻能帶著如此豐富的回憶回去。

這全是託了部落格的福。我在旅行的同時會照相和記筆記，旅行結束後回到家便根據照片加以說明並在部落格上寫遊記，如此一來旅行的快樂餘韻彷佛能持續好一陣子。工作稍有空閒時，我就會找出以前寫在部落格上的遊記閱讀。於是，儘管我的人在電視劇的拍攝場地，而我的心卻去了美麗的台灣旅行。多虧我在部落格記錄遊記的習慣，才能長久持續地享受旅行的回憶。

在工作上遇到不如意時我就讀書。我會以閱讀來安撫我痛苦的心靈。翻開書本的瞬間我就能遺忘現實的苦難，躲進書中的世界。只要在書裡看到有撫慰效果的句子，便把它寫在部落格上。原本是寫來安慰自己心情的文章，也可能成為某人的安慰。既然我能靠著讀他人的書獲得慰藉，我也想寫出帶給他人力量的文章，於是我開始在部落格上傳書的稿子。出版社看了那些文章聯絡了我。如此因緣際會之下出版的書就是《你背過一本英文書嗎？》，此書銷售超過十四萬本，成了最佳暢銷書。因為公司業務辛苦才開始的興趣——寫部落格，從此以後我的職業除了是一名電視劇ＰＤ之外，還獲得了最佳暢銷作家的頭銜。這真是令人感激不盡。

寫作是將我人生中遭遇的所有事情轉變為學習的過程。透過寫作我能仔細端詳自己的傷口，也能思索我在這個世間的用處。寫作是不需花錢的學習，不用去學校也不需要找老師。只要在自己喜歡的時間和地點盡情寫著自己喜歡的主題就行了。錢財是越花越少，而文章卻是越寫越有長進。寫作是個良性循環，沒有任何事能比得上它。

人生之中只要遇到有助於生活愉快的事我就會想推薦給大家。寫出《你背過一本英文書嗎？》的原因是出自以主動性英語學習來改變人生的心意。而《你今天寫了沒？》一書的宗旨也是想號召大家透過寫作來積極享受人生。我抱持著希望能帶給他人一些幫助的心情在寫作。歲月流逝，重新回首過往，我發現藉由寫作得到最大幫助的人正是我自己。由於寫作的關係，我才能以一名電視劇ＰＤ、作家和演講者開心地生活。能將我人生中的樂趣和各位台灣讀者分享，真的非常開心。

在此向將我的兩本書介紹給台灣讀者的台灣出版社相關人士表達由衷的謝意。感謝各位！

【自序】每天早上，為自己加油

二〇一五年的某一個秋日，電話響了。是電視劇部部長的電話。

「敏植，你看公司的留言板了嗎？」

「還沒。」

「嗯，有一篇你的人事命令。」

人事命令？那是什麼意思？於是我看了公司留言板，是一篇突如其來的編輯部主控室人事命令。職稱叫ＭＤ，是負責在節目畫面上分級制度或節目公告字幕的工作。大家應該知道吧？節目開始時首先出現的畫面：「本節目未滿〇〇歲以上不宜觀賞……」，以及螢幕上方顯示的分級限制年齡。在節目進行時也必須間或加入分級制度的標示畫面。就是這樣的工作。的確，這是個重要的工作，也必須要有人負責，但是身為一個以ＰＤ公開招聘入社、擔任ＰＤ將近二十年的人，卻突然被分發到意想不到的部門，當然讓我震驚不已。以職務的輕重來看，我不禁認為這是一個降職的人事命令。而在命令發布前，沒有任何人向我說明人事調職的內容，也不曾有人問過我的意見。聽說電視台的高層之間流傳著「要讓金敏植再也不能擔任電視劇導演」的傳聞。說來也很丟臉，當時的我放聲大哭了。我的腦海湧現高中時期被排擠的回憶。即使我已年過半百，這個世界仍然是如此孤獨和可怕。

既然世界不再賦予我工作，就算是玩，我也要恣意地玩樂。畢竟我本來就很愛玩。於是我去了南美旅行。我爬上菲茨羅伊峰，一邊沿著伊瓜蘇瀑布走，一邊思索著許多事。「我該如何過活？」我絲毫不曾想過要離開ＭＢＣ，因為那裡現在仍有非常多我喜愛的人。我不想捨棄他們而離去。「如果大家都走了，留下來的人一定會被孤立的。」即使辛苦我也必須和他們一起堅持下去。「要是不能當電視劇導演該怎麼辦？」只要一想到這件事，我就感到相當寂寞，另一方面也在獨自安撫自己。反正我也是在人生中每個尋找快樂的瞬間不知不覺成為電視劇ＰＤ的，我並不是一開始就夢想成為ＰＤ。既然是如夢般的工作，我應該也能像送走仲夏夜之夢一樣的放棄當ＰＤ，我就是這麼想的。

自從工作換成待在公司製播室的輪班制之後，我也會在平日放假。去學校接孩子時，周圍等待的家長全是媽媽，男人只有我一個。偶爾我會感到自卑。「別人會不會把我當成無業遊民老爸？他們會不會以為我是依靠能幹老婆的寄生蟲小白臉？不過我這副長相應該不至於讓他們產生那種誤會吧。」

結果我為了躲避人群去爬山。到了山裡卻還是憂鬱，因為平日很少有像我這種年紀的人爬山。只要看到老年人的登山團體我就會和他們保持距離。一旦趕上他們的腳步，聽見他們討論的政治話題又讓我更加憂鬱。即使來到山裡我仍是一個人。

最令我安心的地方是圖書館。「就以朝鮮時代書生的決心來發憤讀書吧。」但就算坐在圖書館閱讀小說也沒辦法像以前一樣投入其中了。「讀到有趣的小說又能怎樣？我已經沒有權力買下版權拍成電視劇了；讀了書、自我進修又能怎樣？公司又不會器重我。」這樣的想法讓我變得茫然。

我很痛苦，因為我過度煩惱為什麼我要受到這種試煉。我變得討厭世界、痛恨人們。後來我試著換個角度思考，我決定只專注在「現在這瞬間做什麼事會讓我快樂」這件事上。我瞭解到，雖然我是一個有許多缺點的人，但是我身上的優點也不算少。儘管我想以自己製作的電視劇帶給數百萬的觀眾歡笑，但既然此路不通了，那麼讓來流覽我部落格的數百位讀者看看一些有趣的故事也不錯。若是要在部落格上每天刊登有趣的文章，**我的每一天都必須要過得有趣**。我想讓人看到，就算公司不給我工作，我也能活出精采的人生。

自從被派到非製作部門，我多了一些以往未曾有的空閒時間，於是我優先將時間用在育兒方面。事情既已如此，我決定要和可愛的女兒們一起度過美好的時光。我找了育兒教養相關的書籍閱讀，也在部落格上寫育兒日記。「該怎麼做才能讓孩子養成閱讀的習慣？」只要有人在部落格上發問，我就會認真地解答：「在孩子放假的時候我會和孩子一起去社區圖書館。每天晚上睡前還會唸童話書給孩子聽。」現在的我不單純只是在家顧孩子的中年爸爸，某種程度上也算是有著自己的教養哲學的業餘專家了。在部落格寫育兒日記這件事本身是一個很棒的教養學習，往後也能當作證據。萬一以後孩子們問我：「爸爸你為我做過什麼事？」我就能把部落格的育兒日記給她看。某一天意想不到的地方聯絡了我，《韓民族日報》邀請我撰寫育兒專欄。

若只是獨自爬山的話總會覺得自己淒涼，現在我會在部落格上寫登山日記了，用一種《登山月刊》自由記者的心態爬山。我決定要走遍首爾所有的健行路線。看到美麗的風景就用手機拍下照片，針對每條路線我都會做出自己的評論。然後我貼出了一篇類似「首爾健行路線Best3」的文章。其他網站看了那篇文章，給了我轉載文章的稿費一千五百元。這讓我覺得我成為了登山的專門自由記者，而不是獨自在平日爬山的無業遊民。

閱讀也以更有生產性的方式進行。「如果要介紹這本書的其中一段，我會介紹哪一段呢？該如何摘要這本書？好，我就以一個介紹刊物的記者的心態來寫書評吧。」像這樣下定決心後，讀書變得更有樂趣了。或許報社的刊物記者並不認為讀書有趣也說不定。因為在閱讀成為工作的瞬間，壓力也會隨之而生。部落格不會帶來壓力，所以我喜歡。畢竟是分毫不取地在寫部落格，當然要選擇自己喜歡的書來寫讀後評論、寫自己想寫的文章。如果是為了打廣告或收贊助而寫的文章，可能閱讀或評論就會讓我變得痛苦了吧。

請不要以玩樂的心態對待工作。在工作變得有趣前需要一段時間。若是用玩樂般的馬虎態度去做不熟練的工作是不會有成果的。意即，要是以玩樂的方式去做不熟悉的工作，職場生活可能會變得很痛苦。還不如將**玩樂做得像工作一般**來得容易。**玩的時候別被動地玩，而是要主動、積極地玩樂才行**。想玩得好就要下功夫。只要持續地認真玩，就有機會從玩樂的領域進階到業餘專家的領域，如此一來，就能在該領域的愛好者之間獲得認同，也會在同好會裡受到顧問的待遇。然後，可能在某個瞬間就會有媒體找上你，或是獲得相關資訊企業的工作機會。這瞬間，玩樂就轉變為職業了。單純地玩樂是不會成為職業的，一定要認真地、像工作一般的玩樂才行。

我曾經有一陣子迷上OGN頻道的《星海爭霸》直播節目。而這成為了我太太的笑柄。

「你連星海爭霸怎麼玩都不知道，看什麼遊戲節目啊？」

如果我在結束電視劇拍攝的休息時間看別人製作的電視劇，就會不知不覺進入工作模式。「咦？為什麼在這裡用全景代替中景？」「在這段劇情裡，用攝影台車的推軌鏡頭應該比升降鏡頭更好才對，這樣才能有效地展現主角的動線吧？」類似的想法不斷在我的腦海裡打轉。為了休閒才看的電視卻總是變得像工作。所以我轉到了遊戲頻道。看《星海爭霸》的轉播不需要煩惱，我不會一直去想：「咦，為什麼在施法時拍攝？」「用單獨近景應該比較適合表現情緒吧？」「醫護兵和機槍兵之後的戀情會怎麼發展呢？」我可以平靜地欣賞節目，這下總算能夠好好休息了。

我現在已經不看《星海爭霸》的遊戲節目了。既然要玩，我打算玩得更有生產性一點。無論林遙煥*制定的戰術有多高超，那個「快速建築兵營戰略」對我的人生也不會有什麼幫助。因此我開始玩部落格。我可以透過部落格讓自己成長。比起遊戲中角色的升級，自我進修更有成就

＊韓國的一位星海爭霸職業選手。

感。經營部落格讓我能變身為育兒專欄作家、登山雜誌獨立發行人兼自由記者，以及英語學習書的出版作家。如果我需要習得什麼技能，那麼我就會在部落格的分類中新增一個類別。我會閱讀跟那個技能相關的書籍，參觀相關的展覽，聽相關的演講，再把我所學到的內容一點一滴加進部落格裡。隨著貼文數量與流覽人數的增加，我的生活技能也一一增加了。

要是我陷入無法擔任電視劇導演的自責感之中，過去這幾年我的人生肯定會苦不堪言。每天早上寫一篇文章，使我更加**深刻體會我是自己人生的主人**。一早起床最先做的事情就是我想做的事情。在那瞬間，我會寫下我最想寫的文章。我不是以遊戲、看電視或工作來開啟一天的序幕，而是用生產性的興趣活動來開始今天的日課。多虧於此，我不至於陷入挫敗感，甚至還能享受每天的精神勝利所帶來的快樂。「沒錯，我能夠快樂地展開每一天，我是個很酷的人。」就這一點而言，部落格就等於是我生命中的恩人。而每天來流覽部落格的讀者群則是我重視且感激的緣分。我想藉此機會再度感謝拯救我的各位。

目錄 CONTNETS

Part 03 越寫越有好處

Part 04 每天寫作的力量

Part 01

不要過漫長無趣的被動人生

誰都不知道什麼工作會賺錢？什麼工作不賺錢？

正因如此，開始做任何事一定要以樂趣為主，

懷抱著就算不賺錢，只要有趣就可以的想法堅持下去。

現在是玩家的時代

現在是玩樂人類的世代，
但卻不單純只是玩樂。
要投入全心地玩，
最後讓自己玩的那件事到達工作的境界。

曾經和李世乭對戰過的AlphaGo向號稱中國最強的職業棋手柯潔遞出了挑戰書。而結果就如大家所知，柯潔最後沒能贏得任何一場勝利。那天新聞裡出現了柯潔選手戰敗後流下傷心淚的畫面。看到這個情景時大家有什麼想法呢？我想，他真的是真心熱愛著圍棋。無論世界的目光是否聚焦在這場比賽，他都悲憤得無法掩飾住眼淚。能有一件事讓他熱愛到如此程度真是令人羨慕。

曾經有一個國中生和我商量未來的發展，他問我：

「什麼職業能在未來存活下來？」

年輕的孩子們在李世乭和AlphaGo的對決之後就經常問這個問題。於是我說，不要預測未來，只要做你自己現在喜歡的事情就好。

「未來還會有ＰＤ這個職業嗎？」

我應該可以期待ＰＤ的工作仍會存在吧？畢竟大家都不想讓機器人或人工智慧指導自己的演技或被它們要求修改劇本。不，就算人們發明出電視劇導演的人工智慧機器人，我仍會繼續當導演的。因為這是一件即使不收錢我還是想做的「像玩樂般的工作」。賺錢的工作雖然重要，但對我而言，不賺錢也想做的玩樂般的工作更加珍貴。或許機會就在那種地方也說不定。

人會在成長過程中尋找人生的意義。有些人是歷經激烈競爭後爬上金字塔頂端的。但現在該是改變那座金字塔的時候了。目前勞動市場的勞工在技術和力量的層面上呈現著金字塔的構造。位於金字塔頂端的人是那些少數的老手專家從業員和企業人士，他們大多擔任創意和革新的工作。絕大多數的勞工都是從事一般且重複性的工作。要是自己的工作轉為機械化或自動化，他們就必須從事其他尚未機械化的職種。但是未來金字塔下方的位置將由機器或人工智慧程式取代。

在此之前都是在和他人的競爭之中爬上金字塔的，但未來就要和從金字塔下方漸漸往上爬的人工智慧和機器共同競爭了。而人類若想在競爭中勝出應該不會太容易。試想，挖土機和人類比賽挖土，這場比賽的結果應該很顯而易見吧。

因此現在應該要從金字塔本身開始改變了。過去我們為了爬上工作和學習的金字塔熬夜讀書、熬夜工作，付出我們最大的努力。但是在學習方面我們能與AlphaGo並駕齊驅嗎？在工作方面我們能贏得了機器嗎？從現在開始，我們必須爬上另一個金字塔，那是**無論多麼先進的人工智慧機器人都無法進入的領域**。**那正是玩樂的金字塔**。

玩樂金字塔的頂端是一群引領遊戲、創造玩樂的人們，也就是創造出遊戲給人玩，並用這些東西來賺錢的人。Facebook、YouTube和Airbnb的創業家就是遊戲在草創期的典型例子。他們是偶然將工作與玩樂結合並獲得極大成功的人。在他們之下是文創內容的創作者，是玩樂領域的專家。多數的人通常只會收看或收聽YouTube或Podcast，而某些人則是更有主動性，他們喜歡創作影音內容並享受其中。例如「大圖書館」或「採沙場」等人便是在YouTube或Podcast以自己的品牌累積出人氣，因此晉升為內容製造者。也有許多人藉由上傳影音到Facebook或YouTube等平台的方式來賺錢。**他們並不只是單純地玩樂，而是以專家的水準在玩的人**。在這些人之下是一般大眾，他們在範圍最廣的金字塔底端被動地欣賞上層的人製作出的影音。

未來人類的壽命將延長，失業率也會逐漸提高。這表示我們必須長時間地玩樂才行。不工作的人該做什麼事情度日呢？當然要邊玩邊生活嘍。而且是要主動地、積極地、好好地玩樂才行。若是在一整天辛苦工作或讀書之外的短暫娛樂大家都能充分地享受，就算是被動的娛樂也能感到快樂。但若是不再需要全力工作和讀書的狀況時，要以看電視或流覽別人的部落格來打發二十四小時是很辛苦的。也會產生一些無法利用消費行為來滿足的慾望，那正是自我實現和自我表現的慾望。為了滿足這些慾望，我們必須將自己的位置轉移至玩樂金字塔，並思索往上爬的方法。我們必須努力讓自己從媒體的消費者變成重度使用者，進而變成製造者才行。

現在是玩樂人類的世代，但卻不單純只是玩樂。要投入全心地玩，最後讓自己玩的那件事到達工作的境界。因為人人都能成為創作者的時代已經來臨了。即使人工智慧再怎麼會讀書，再怎麼會寫文章，我也不會放棄閱讀和寫作。因為那是就算生不了財我也想要每天做的事。

開始做任何事時絕對要愉快！

開始做任何事一定要以樂趣為主，
懷抱著就算不賺錢，
只要有趣就可以的想法堅持下去。

我在未來出路的演講中曾和學生說過一段話。

「有一份能賺很多錢但不有趣的工作，還有一份自己想做卻難以賺錢的工作，兩者之中要選哪一個？選擇後者會比較好。**無趣且目的只有賺錢的工作是很難讓人成長的**。做自己想做的工作，即使賺得很少也無所謂的人會越做越拿手。因為是自己喜歡的事，工作時會很認真，認真工作自然就會變得熟練了。長久下來就能成為一個在該領域獲得認同的人。請思考十年後的情形，賺很多錢卻無法在工作上獲得樂趣的人容易被裁員，而賺很少卻開心工作、認真工作的人則會被其他公司挖角。」

《酷酷地生活吧》*這本書用兩種基準來區分工作。將Y軸設定為「有趣的工作」，X軸設定為「賺錢的工作」，用這個設定畫出一個分出四個區塊的圖表。在此可以看到圖表上有四個領域，如果是有趣又賺錢的工作

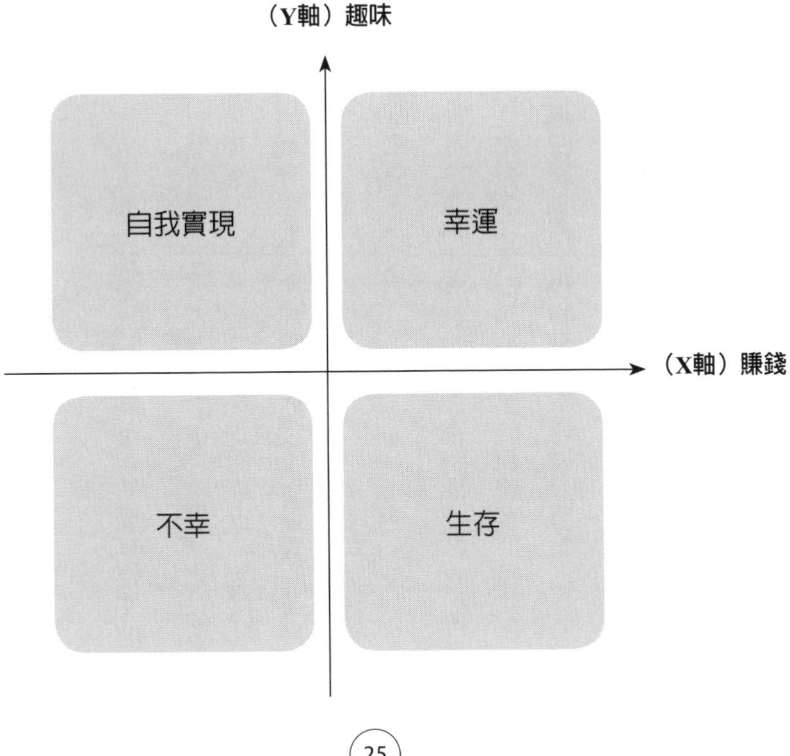

*暫無中文版，原文書名為《쿨하게 생존하라》

就是「幸運的領域」，無趣卻賺錢的工作是「生存的領域」，有趣卻難賺錢的工作是「自我實現的領域」，既無趣又難賺錢的工作是「不幸的領域」。

請看著這張圖表，思考自己目前位於哪個領域。我立定的目標是：「一開始當然要無條件地往上移動，接著再往前發展。」找出趣味是首要條件。根據我的人生經驗，只要認真做有趣的事，錢財便會隨之而來。如果一心想著賺錢而勉強做著無趣的工作，到了最後很可能既失去趣味也沒了錢。在必須長期工作，無法預測未來職涯變化的現今世代，**比起賺錢而言，更重要的是自己在這份工作上的成長**。如果想要長久工作下去，就要做能讓自己成長的工作。就我的經驗來看，若是無法在工作上獲得樂趣，就很難在工作上有所成長。

當我做電視劇導演時，我在「幸運的領域」。因為我能做自己喜歡的工作過生活。然而，自某個時間點起，公司不再給我執導電視劇的機會。我從電視劇部轉派到編輯部的製播室。自此我被下放到「生存的領域」。即使如此我仍努力堅持，專注於生存。我的生活頓時失去樂趣。為了找尋生活的樂趣我開始經營部落格。雖然賺不了錢，但我找到了有趣的事來做。於是我進入了「自我實現的領域」。很少有其他事能像部落格一樣令我深感成就。因為我能透過部落格和大家分享我這輩子在學習和工作的過程中習得的祕訣。我懇切地希望我每天早上上傳的文章能帶給素味平生的人一些小小的幫助。我把上傳到部落格的英文學習文章集結起來編成《你背過一本英文書嗎？》*的著作。這本書占據了暢銷書籍排行榜六個月，賣了十萬本。於是自然地晉升到「幸運的領域」。

誰都不知道什麼工作會賺錢，什麼工作不賺錢。正因如此，開始做任何事一定要以樂趣為主，懷抱著就算不賺錢，只要有趣就可以的想法堅持下去。我有一個咒語可以幫助自己達到這個原則：

「天下有白吃的午餐」

我喜歡的閱讀、旅行、外語學習，這些都是不需要花大錢的興趣。在我準備退休生活的過程中只有一個想法：「反正我退休後的興趣不會花到大錢，所以比起賺錢的事我更想優先做有趣的事。」比起工作我更想把我的興趣做到最好。認真玩樂甚於工作？乍聽之下像是句年少無知的話，但這將成為未來最佳的生存戰略。

---

*金敏植著，袁育媗譯，大田出版。

賺錢的金敏植VS.懂得玩樂的金敏植

別只把時間花在工作的我，
也請分出時間給玩樂的我吧。

我是個人企業「金敏植股份有限公司」的創始人兼公司代表理事。我們公司有很多名叫「金敏植」的員工。有認真工作的金敏植、專注於育兒與家務的金敏植，以及享受假日熱愛旅遊的金敏植。說話總是趾高氣揚的那個人是負責賺錢的金敏植。然而，我最重視的員工卻是玩樂一流的金敏植，金敏植股份有限公司的未來可都繫於他身上了。

我在當電視劇PD的時候也會認真觀看後輩們製作的電視劇，因為瞭解後輩們的拍戲取向也是前輩的工作。有時候我會一邊看著電視劇一邊產生疑惑，「咦？原來他喜歡這種輕鬆的浪漫喜劇啊？我還以為他喜歡的是描寫社會問題告密故事的電視劇呢。」比起電視，休假的時候我會更認真流覽Facebook。瞭解年輕收視群的流行趨勢對於一個年過半百的PD來說也是一件相當重要的事。只要觀察Facebook就能清楚瞭解最近年輕人喜歡的美國電視劇（美劇）、日本電視劇（日劇）或漫畫是什麼了。關於之前令我疑惑的那個後輩，我也是在看過他的Facebook貼文後感到「果然如我所料！」地消弭了心中的疑惑。

後輩的取向顯露在Facebook上的部分比電視劇來得多。或許那部電視劇是電視台局長指示的作品，或部長所推薦的作品才製作的吧。他上傳到Facebook的漫畫或美劇評論更清楚地透露了他的取向。每當看到助導把熬夜編輯好的帶子拿到主控室去播放的那張疲憊不堪的臉，我總是不禁感到心疼。然而，透過他的Facebook，我知道在那張疲憊臉龐的後面隱藏著一個「粉絲」的狂熱心情。「他正在咬緊牙關堅持，他正在等待機會，一個能讓他大放異彩的機會。」

經營Podcast節目《The Tim Ferriss Show》的Tim Ferriss會去探訪各個領域的專家，並且詢問他們獲得成功的祕訣。他把這些人的成功之道集結成一本書《巨匠們的工具》（Tools of Titans

〈無中文版〉），書中收錄許多能輕鬆照做的自我進修工具。閱讀這本書是一個好機會，讓人能一窺事業家、藝術家、運動選手等各種領域中成功人士的生活習慣。

馬克．安德森是現代網路創業家中的佼佼者。他目前是一個經營創業投資公司的技術投資人。他所認為的事業成功原則很簡單，那就是讓聰明又有實力的人才成為「大人物」。那麼這種聰明的人要去哪裡找呢？他認為聰明的人到處都是。或許是在麥當勞裡煎漢堡排的人，或許是在銀行窗口諮詢貸款的人，也或許是在公司辦公室裡做文書處理工作的人。

我們並不在意他們白天做什麼工作。重要的是他們下班之後做什麼。我們對他們白天的時間運用不感興趣。爲了賺錢，十之八九的人會在公司做公司交代的工作。我們所關注的是他們的興趣爲何。他們將自己晚上和週末的時間花在哪些事情上，透過持續追蹤觀察，我們獲得了一些情報。如果某人做的事情是我們全然意料之外且有趣的事，他就會是那個能替我們賺大錢的人。

——《巨匠們的工具》，Tim Ferriss著

大學時期，「閱讀英文小說的金敏植」花的時間比「學習主修課程的金敏植」還要多。偶爾

學習主修課程的金敏植也會對閱讀英文小說的金敏植嘮叨幾句。

「金敏植股份有限公司都是因為你才難以成功的吧？」

隨著歲月流逝，金敏植股份有限公司的R&D部門已經由「懂得玩樂的金敏植」負責了。譯者金敏植的出現取代了工科生金敏植；業務社員金敏植被換成綜藝節目PD金敏植，而這都是因為我用心玩樂的關係。「作者金敏植」的誕生也是多虧了把閱讀和寫作當成興趣來享受的書蟲金敏植。比起只做公司工作的金敏植，請更重視玩樂的金敏植。因為金敏植股份有限公司的未來全仰賴於他。由這點來看，今天的我仍然會熱切地為玩樂的金敏植加油的。

請結合「工作的我」和「玩樂的我」並從中創造出新的火花。別只把時間花在工作的我，也請分出時間給玩樂的我吧。不，請允許玩樂的我擁有更多時間並重視這件事。**要經常自問，玩什麼會讓自己感到快樂。人生的樂趣就是從興趣而來的**。「我在做什麼事情時會覺得開心？」找出這個問題的答案才是真正的學習。正因為現在是百歲時代，所以我們必須玩樂很長一段時間。現在就找出自己喜歡的事物，認真地玩樂吧。因為「懂得玩樂的我」將替自己創造出未來的工作機會。

結合工作的我和玩樂的我

要培養個人創造力的最好方法
就是打造出多面向的自己，
讓不同面向的自己互相合作。

我是老來得子的父親，我的第二個女兒敏書是在我四十歲的時候出生的。這就表示，當我到達退休年紀時，敏書還沒能從大學畢業。我把敏書滿週歲的照片貼在我的辦公桌前面。每當在工作上遇到困難時，我就會抬頭看看孩子的照片。我會看著孩子心想：「爸爸今天也一邊想著妳一邊忍耐。」我必須堅持到退休為止。不，即使退休後我仍要讓自己持續不懈地工作。我既煩惱該如何養育孩子，也煩惱該如何培養自己的競爭力。

在CBS的節目《改變世界的十五分鐘》裡，有一場演講的題目是「將我們的孩子培養成未來型人才吧」。教育專家李範老師表示，未來型人才有三個要素：創造力、能力和合作精神。聽完那場演講後我認同地拍了拍自己的膝蓋，心想：「無論孩子還是大人，這不就是所有人都需要具備的資質嗎？」

懂得玩樂對於培養創造力而言相當重要，只是坐在椅子上擠破頭思考也不會產生創造力，而且越是那樣反而越容易恐懼。只有在開心玩樂的時候才能創造出新的想法。我之所以推薦大家玩樂是因為**透過玩樂能夠發現自己的慾望**。無論是學習還是工作，最重要的要素是動機，而動機的產生是由知道自己喜歡的事物開始的。

不同的兩個人相遇時會擦出新的火花。在我翻譯SF（科幻小說）的時候我曾和出版社的編輯見面。

「請問PD您是怎麼學英文的？」

這個問題的解答成就了《你背過一本英文書嗎？》。創造力就是透過你我的關係創造出原創性事物的能力。

作為一個電視劇ＰＤ，若要寫導演論肯定不容易。我會認為：「我又不是明星ＰＤ，我憑什麼寫導演論。」然而身為電視劇ＰＤ的我和英文譯者的我結合時就產生了新的火花。「譯者出身的情境劇ＰＤ所說的，像玩樂一般的英文學習方法」，這不是很有話題性嗎？在做翻譯工作時也是一樣。如果純粹只是做口譯、翻譯是很無趣的。這種時候就能結合身為譯者的我和科幻小說迷的我。如此便產生了「翻譯科幻小說的金敏植」。**要培養個人創造力的最好方法就是打造出多面向的自己，讓不同面向的自己互相合作**。

那麼要如何讓自己變成「多重人格」呢？首先，我有「工作的我」，為了維生我總是需要工作的。晚上下班後就是「玩樂的我」，如果有喜歡的興趣，不要馬馬虎虎地玩，要瘋了似的去嘗試。然後，要經常結合工作的我和玩樂的我。就以現在的我為例，現在的我就是電視劇ＰＤ和部落客的結合。如此便會產生「電視劇ＰＤ經營部落格的理由」「大眾媒體ＰＤ所說的玩社群媒體的方法」等內容。再多打造一個「學習的我」也很好。工作的我、學習的我和玩樂的我，三個面向結合並合作就能創造出全然嶄新的火花了。

規律的失敗和偶然的成功，以及玩樂這回事

玩樂無法預料勝負，
所以我們才能摒除輸贏，
憑著玩樂的樂趣反覆持續下去。

因為我不是厲害的出名ＰＤ，所以我曾因為收視率而受到許多傷害。每當我自認有趣且熬夜製作的作品不受觀眾青睞時，我總是像要死掉般的痛苦。你問我痛苦的時候該怎麼辦？以「去愛吧，像不曾受到傷害一樣」來照樣造句，「執導吧，像不曾失敗過一樣」，我會讓自己具備這種心態，振作精神後再重新挑戰。然後我又開始一邊熬夜一邊拍攝。「萬一這次也失敗的話怎麼

辦？」雖然我無法說自己沒有這種擔憂，但是我會把擔心的時間用來再琢磨一次劇本。畢竟在還沒製作前誰都不知道這齣戲會成功還是失敗。創作沒有必勝法，只有在完成前不斷嘗試才是前往創作的道路。為了做到如此，我必須變得勇敢。

我透過每天早上寫部落格文章來培養勇氣。寫文章的時候我不會擔心：「這篇有趣嗎？」「大家會來看文章嗎？」「寫出這種落伍的文章會被嘲笑嗎？」我就只是寫出那個當下最想寫的文章而已。我每天想一個文章靈感，選出主題並編輯，藉此鍛鍊我的創造力。如果只是在體內醞釀的話是絕對無法有所發展的，必須經常把這些想法掏出來才行。

在《明日邊界》這部電影中湯姆・克魯斯在反覆生死的同時執行任務。仔細想想，沒有什麼比這件事還像做白工了。遊戲基本上也是反覆做白工。透過白工才能學到：「啊，走這條路會死掉」「在打大魔王之前要先收集三個炸彈才行」「這一場戰鬥完之後一定要升級防禦力」。尤其是角色扮演遊戲（RPG）的樂趣就是透過常態性的失敗和偶然的成功讓角色成長而來的。我們可以從遊戲中學到「必須不害怕失敗才能成功」的教訓。然而在現實的職場生活中失敗並不有趣，總是反覆失敗的話在職場的生存率可是會漸漸降低的。另外，若是身為新聞記者可能就不會喜歡寫作了。在部落格寫文章之所以快樂是因為那是屬於玩樂的領域。我們必須透過玩樂體驗常態性的失敗和偶然成功的快樂，那瞬間的喜悅將會使我們成長。

我的二十代可說是由失敗貫串的時期，諸如大學沒考上第一志願、就職階段在書面審查就被淘汰、在第一家公司半路辭職、自口譯研究所畢業後轉換工作跑道等。**雖然我經常失敗，但我卻無法放棄。爲什麼？因爲這是我的人生。我不能因爲不成功就放棄。更重要的是，我不想因爲害怕失敗就隨便地妥協於自己不喜歡的工作。**現在是百歲時代，若要做著無趣的工作維生，人生未免也太漫長了。總是經歷常態性的失敗，總有一天也會獲得偶然的成功，那種時候就應該要堅持才行。因為我從一開始就打算如此，當我們變得無所畏懼時，我們的自信心會上升，人生也會隨之成長。若是滿足於成功而不再做些新嘗試，人就會退步，即使失敗仍舊持續挑戰才會讓我們成長。

練習常態性的失敗和偶然的成功最好的環境就是玩樂了。只有在玩樂的時候我們才能不受失敗束縛。玩樂無法預料勝負，所以我們才能摒除輸贏，憑著玩樂的樂趣反覆持續下去。就算一直輸也不會感到害怕。只有玩樂的時候才能創造出最有創造力的條件。

每天上傳文章到部落格並不能賺錢。因為寫作和閱讀都不需要花費任何一毛錢，因此我和讀者都不會感到負擔。正因為是不花錢的興趣，所以又更加有趣了。我目前在部落格上連載育兒專欄。如果我是教育學者或私人教育的工作者的話，我一定無法對教育隨意置喙。因為我可能會聽到人批評我：「所以你在學校教得有多好？」同理，我也不會在部落格上寫電視劇的評論。

因為閱讀是我的興趣，寫作是一種學習，所以我樂在其中。儘管在學校學習很無趣，但是上年紀後的自學是毫無壓力的，既沒有考試也無須競爭。我只是想要比昨天多瞭解一件事、多領悟一些而已。要是那些小時候認真學習、長大後認真工作的人們能更認真玩樂就好了。我相信，**如果能透過遊戲提升勇氣、培養創造力，在即將到來的時代一定能夠更快樂、更長久地工作下去。**

挑戰新遊戲比新工作來得容易。**我們可以透過挑戰獲得勇氣、透過遊戲培養能力。**懂得玩樂的人總是想把這份樂趣傳達給他人，因為真正的狂熱迷是會想跟他人分享自己的快樂的人。由於懂得合作的重要性，所以獨自玩得好的人也能和許多人玩在一起。而玩部落格的人是想要把自己學到且熟悉的東西分享給他人的人。在玩樂世代裡，所謂未來型人才不就是能在玩樂當中培養創造力、能力和合作精神，然後再把玩樂轉換成工作的那種人嗎？

別追求職業，請追求志業

> 所謂的人生就是快樂回憶的總合。
> 要是為了未來而犧牲現在，
> 那麼即使時間再怎麼流逝
> 也無法創造出快樂的回憶。

在AlphaGo的時代，就業將越來越困難。**未來我們要追尋的將不再是職業，而是志業。**我在閱讀時讀到了關於「志業」的明確定義。

就算是一個人也能開始，不因爲賺錢而損害自己的時間與健康，越做越能鍛鍊身心，技術也能日漸增長的工作，這就是志業。

——《創造志業》*，伊藤洋志著

我的第一份工作是在一九九二年開始的。當時是一個第一份工作就是終生職業的時代，只要有大學畢業就很容易就業。進了公司後，以勞動時間換取酬勞是普遍的生活方式。問題在於，這種方式將會越來越難達成。未來人們將不會在公司工作，而是做著多種不同志業來維生。

作者伊藤洋志從事許多不同的工作維生。實際上，那些工作既沒有多了不起也無法賺大錢。他就只是嘗試，覺得有趣的話就逐漸增加工作分量。那些工作有：蒙古真實生活體驗旅行、在鄉下開一間用木窯烤麵包的麵包店、在網路上販賣山村奶奶們親手製作的生活裝飾品、參與全國鋪木板協會活動，以及參與水泥磚牆電鑽解體協會的活動等。他會嘗試，只要覺得有趣的事情就會製作出一些能以此賺錢的機會。或許有人會擔心「擁有很多職業是否代表沒有一個像樣的職業」，然而這正是志業的核心。志業就是做小而樸實的多種工作，做那些大家可能會懷疑「這個工作能賺錢嗎？」的工作來賺錢生存。這是一個「少賺多玩」的主義。

伊藤洋志在工作時有他的原則，他避開競爭，也不做機器能包辦的工作，意即，就算是不賺錢的工作他也不在意。當大家一旦認知到某個工作能賺錢，就會有許多人投入那個產業，競爭會帶來產業化，而產業化必然會衍生成機械化與自動化。他認為避開這種工作才是上策。畢竟我們是無法跟人工智慧競爭的，不是嗎？這個建議對於想成為超級富翁的人而言或許不會有幫助。然而，日本的年輕族群意識到「賺大錢的時代已經過去，現在已經不是能夠輕鬆就業的世界了」，在他們之前生成了一股新的潮流，那就是「創造小而樸實的志業」。

志業並不是大規模的創業。創業需要成本，為了回收成本就必須對自己冷酷。創業是一種剝削自己的構造。甚至有許多情況是創業只填飽了經銷商的口袋，僅是賣場裝潢的工程就燒光了所有的錢。與其像那樣創業，我反倒建議大家找出既是工作又是興趣的小工作來做。

若要以賺得少的志業維生，就必須先減少消費和支出。高美淑**老師曾說：「有什麼退休對策能比『懂得享受貧窮』的能力來得好？」如同老師所言，增加所得雖不容易，減少消費卻是做得到的。

---

*暫無中文版，原文書名爲《ナリワイをつくる》。

**韓國的文學評論家，主要研究古典文學，曾於延世大學和梨花女子大學擔任兼任教授。

如果你不是一個十分具有戰鬥力的人，我不贊成你一邊打工一邊追逐夢。大部分的夢想都伴隨著激烈競爭，正因如此夢想才會是夢想。若是要在時間與體力容易被打工耗盡的狀態之下和他人激烈競爭，會更難打敗那些早已獲得地位又有戰力的人們。從這種角度來看，世界其實是很殘酷的。

——《創造志業》伊藤洋志著

這段話真的很觸動人心。一邊打工一邊追逐著夢想，若是因此受挫，那瞬間會讓人不禁心想：「我的人生究竟算什麼？」既然要打工，做和自己的夢想有關且有助於自我進修的工作會比較好。我希望，即使你最後無法實現夢想也能享受追夢的過程。所謂的人生就是快樂回憶的總合。要是為了未來而犧牲現在，那麼即使時間再怎麼流逝也無法創造出快樂的回憶。**要能享受追夢的過程，夢想才有它的意義**。《創造志業》一書中所說的志業或許不是適用於所有人的解答，但它一定能成為某些人的人生對策。

幸福不靠強度，而是頻率

（CBS《改變世界的十五分鐘》演講）

幸福心理學家徐恩國教授的著作《幸福的起源》提到，進化是透過自然天擇和性選擇來演進的。人類的進化便是演進為每當人類做出有利於生存與繁衍的行為時，人類就會產生幸福的感覺。現在我們之所以演進到這個地步，也是多虧了在做出對生存和繁衍有利的行為便會感到快樂的祖先們。吃到美味的食物會幸福是因為這件事有利於生存；遇見有魅力的異性會感到開心則是因為人們認為配對有望的關係。

我在一九八七年進入大學就讀，當時沒考上第一志願，於是我進了第二志願的科系。我對主科一點興趣都沒有。比起讀學科科目，我更熱衷於參加聯誼。也就是說，二十歲的我重視繁衍多過生存。但是每次去聯誼我都被甩，再這樣下去我能成功配對嗎？幾經煩惱後我找上一個號稱戀愛高手的學長。

「在聯誼時總是被甩？那不叫做失敗。那只是因為你還沒遇到你想全力追求的女生而已。你為什麼要把機會押在聯誼？真正的勝負是在搭訕啊。」

去聯誼時我們無法得知誰會赴約，

然而搭訕是絕對可以追求自己喜歡的對象。

「要在哪裡搭訕好呢？」

「搭訕當然要去夜店嘍。」

說到夜店，我以前總認為夜店是只有小混混去的墮落的溫床，但我還是為了嘗試追求女生跟著學長去夜店了。學長看著我說了一句話。

「因為你的外表太不出色，所以你要好好練習跳舞才行。」

一九八〇年代的後期在新村圓環有一間名為「雨傘下」的夜店。那間夜店裡有一面牆全是鏡子。我就站在那面鏡子前一個人努力地練習跳舞。一開始我只是讓腳步跟上節拍，再舉起手指向天空。後來我想應該要瞭解音樂才能跟著律動，於是我跟路邊攤販買了「ＤＪ混音」的錄音帶，我很認真地聽歌，連歌詞也背起來了。

跳舞這件事其實還挺有趣的。我總是不自覺地想跳舞，但是每天去夜店又很累，所以我就在房間裡自己對著鏡子練習，一邊戴著耳機一邊像瘋了似的搖擺。每天練習下來我的舞技也有了長足的進步。我原以為自己肢體不協調，但沒想到我也有屬於自己的跳舞興致。雖然我是為了和女生交往才學舞的，舞技進步了，我卻沒能談戀愛。後來因為喜歡跳舞，我就專注在跳舞了。

《幸福的起源》有一句話寫道：「幸福不靠強度，而是頻率。」無論強度多強的幸福都會隨著時間迅速消逝。就算中了樂透，那股幸福感也無法長久持續。只吃一次就能吃飽，且飽足感維持長久的原始人，對比即使飽了看到兔子出現在眼前仍會刺激食慾並上前追捕的原始人，兩者中能享受幸福生活的人應該是前者吧。但是生存機率較高的人卻是後者。正因如此，人類的進化便朝著好心情稍縱即逝的方向演進了。意即，若想要維持長遠的幸福，最好是能時常體會小確幸，而不是去追求一次強烈的刺激。跳舞的樂趣也是在於頻率而非強度。若是隨時隨地都能跳舞的話，這件事本身就很令人快樂。

由於我只顧著跳舞玩樂，我的成績只有二分*。思考到未來的就業，我開始學習英文。就像我自己跳舞一樣，英文也是自己學習的。背下一本英文書之後，我成了英文會話的達人。畢業之後我進入外商公司擔任牙科產品的業務。牙科業務的工作有點辛苦，因為我必須獨自帶著燦爛的笑容進入所有人都哭喪著臉走進去的地方。

「醫生您好，我來跟您介紹新產品了。」

*韓國的大學多採四．五分制的GPA分數制度，二分大約是C，以百分滿分制度來算落在七十～七十四分之間。

隨即聽到醫生大吼著：「出去！」

像那樣被趕出去的日子我總是憂鬱，有時晚上也會喝酒。然而，就算喝了酒也無法抹滅銷售的辛苦。即使下班我仍會不斷想起工作時感受到的侮辱，這就像是二十四小時都在工作的感覺。就算下了班，只要一想到工作我就會感到難以呼吸。

在感到工作辛苦時要做什麼呢？只要在工作以外的時間做自己平時擅長的事就可以了。對我而言那就是英文。為了拯救我被壓垮的自傲，我開始在下班後去上英文學院。晚上六點我便離開公司搭電車前往位於鐘閣的鐘路外國語學院，我在那裡上口譯研究所的入學班課程。老師會播放CNN的新聞給大家聽並指定一個同學，被點到的人就要把聽到的內容翻譯成韓文。接著，老師會再指定下一個同學，這個人必須補充前一個同學說的內容跟原文的差異或缺漏的部分。這就表示，上這堂課不僅要認真聽CNN新聞，也要仔細聽其他同學的回答才行。上課時根本沒有空胡思亂想。專注於學習讓我白天工作時所感受的壓力消失殆盡。我覺得英文比業務更加有趣。後來我便辭去工作，轉而進入外國語大學的口譯研究所讀書了。

口譯研究所的課程也相當不簡單。我以前從不知道原來世界上竟有那麼多擅長英文的人。面對留學生、僑胞第二代、外交官子女等英文高手，我不免要歷經一場苦戰。在感到辛苦的時候要做什麼呢？我會做我擅長的事。口譯研究所的在學生當中就數我最會跳舞了。每次去MT或是郊遊，我都會在大家面前秀舞技。儘管我在上課時間灰心喪志，玩的時候可是相當生龍活虎的。為了熟記新歌的舞蹈，我也會看音樂節目。

口譯研究所的視聽室裡有幾台連接耳機的電視和錄放影機，其他人都在這裡錄CNN新聞並練習聽寫，我卻在這裡一邊看MBC的《人氣歌謠暢銷50》一邊跟著跳舞。只要去夜店我一定會躍上舞台。朋友們看到我這副模樣對我說：

「喂，這麼會玩的人竟要隱藏自己的才華，一輩子當口譯師生活太可惜了吧！像你這麼會玩的人去當綜藝節目PD應該很不錯。」

這段話打動了我。就如他們所言，既然我喜歡跳舞又喜歡玩樂，做綜藝節目PD的工作應該會很有趣。剛好我在電視上看到MBC招募新社員的廣告，我就馬上交出申請表了。

進了MBC之後我也經常跳舞。當助理導演時，因為前輩的指示，我曾登上《人氣歌謠暢銷50》的現場舞台跳過舞。二〇一一年我當上媒體工會MBC本部編制部的部委員長，隨著二〇一二年罷工的開始，我被賦予集會節目導演的工作。我便以我的拿手好戲來一決勝負。無論是出席集會或拍攝罷工影片，我總是跳舞。我甚至召集了三百位MBC工會組織的成員一起跳舞。當時拍成的音樂影片《MBC Freedom》上傳到YouTube便締造了即時觀看人數三十萬人的紀錄，創造了空前的熱潮。大家都讚嘆：「原來罷工影片也能製作成那樣啊！」

公司當然不會放過我那驚人的執導實力了。他們認可了我的功勞，對我下達了三項懲戒：待命處分、教育處分和停職六個月。國家也不會善罷甘休。他們強烈表達出：「如此優秀的人才我們一定要邀請到國立飯店並提供免費食宿。」隨後向我發出了兩次的拘捕令。除此之外，國家認為：「短期住宿是不夠的，要請您成為我們的長期旅客才行。」於是檢察官向我求處兩年的拘役。當然，這些拘捕令每次都被駁回，我也被判無罪，但當時真的很辛苦。自此之後公司就不再讓我當電視劇導演了，這七年間我都沒辦法製作出掛有自己名字的電視劇，幾年前公司甚至把我趕到非製作的部門。

啊，好痛苦。因為折磨和憤怒，每到凌晨四點我就會睜開眼睛。我睡不著。那麼要做什麼好呢？苦思之後我決定每天凌晨在部落格上寫文章。所謂幸福不靠強度，而是頻率，對吧？部落格之於我就是如此。我以為無法執導給數百萬觀眾看的電視劇會讓我感到不幸，並沒有，每天流覽部落格的一百位造訪者仍讓我覺得珍貴又感激。

其實在ＰＤ生涯中很少會有機會執導當紅電視劇。若要把人生的幸福押在這件事上，我很容易就會變得不幸了。當我不再能做電視劇導演的工作時，我全心專注在部落格這個興趣上。這讓我每天都能品嘗到小小的快樂。只要部落格的按讚數增加，或是人們陸續前來留言，我就會感到開心。不知不覺，我變成了一個懂得寫作樂趣的人。至今我仍然每天早上上傳一篇文章到部落格。

或許我目前為止的人生可以說是被失敗串連起來的。原本打算追求女生才學跳舞，我卻莫名其妙跳舞跳上癮；為了成為口譯師學習英文，後來卻不知怎的當上綜藝節目ＰＤ；還有現在，想執導電視劇，卻奇妙地變成了部落客。並不是能和女生交往就是幸福，而是練舞的每個瞬間都很快樂；並不是成為口譯師就是幸福，而是當我背起每一句英文句子時，我都能體會成長的成就感；並不是執導當紅電視劇就是幸福，快樂是來自於我上傳每一篇文章的瞬間。

請不要忘記，幸福不靠強度，而是頻率。

Part

02

從寫作開始的主動性人生

無論是什麼事，想要做好的話就要經常做，

想要經常做就要樂在其中才行。

未來將不會有「終生工作」的概念。

我們必須找出小而樸實的各種工作來做。

開啓主動性人生，寫作

我利用部落格為自己每天的生活打氣，也賦予自己一些動機。我透過部落格讓世界看到我自豪的一面。

上大學時選了一個跟自己興趣不符的科系，加上後來成績掉到只有二分，讓我覺得未來就職選擇的希望渺茫。雖然我從小的夢想是成為文科生，但是我必須把它當作我少不更事的幻想。等我到了思考未來發展的年紀時，周圍的人強烈地灌輸我「讀文科未來會吃不飽」的觀念。最後我成了理科生，但是我對主科沒有興趣，所以也就馬馬虎虎地上課。

相反的，只要一有空我就寫作。既然都寫了我就想讓大家讀我的文章。當時是一九九〇年代初期，還沒有網路或部落格等一人媒體工具，就算我寫文章也無處可以上傳，於是我發行了一人雜誌。我把用電腦列印出的文章拿到學校前的書店影印，再將印好的紙張用訂書機裝訂，見到人就發給他們。

那份雜誌甚至還有名字，叫做《敏植的文字田》，裡面刊載了文詞青澀的詩，也有旅行遊記，甚至還有自己創作的英文短篇小說。現在重讀當年的文章真是覺得十分稚氣，心想，我怎麼會想把那種文章給別人看，不禁感到有些害羞。不過，在製作盜版文藝雜誌的當時真的很幸福。畢竟文字工作一直都是我的夢想，儘管是無法實現的夢，但我還是不願意放棄寫文章的樂趣。

某一天，看過《敏植的文字田》的學妹對我說：

「學長如果當ＰＤ的話一定會做得很好。」

「嗯？什麼意思？」

「ＰＤ是和人們說故事的職業啊。我覺得學長好像是一個喜歡說故事的人。」

和學妹聊過那段對話後又過了幾年的歲月。我經歷了業務員、口譯師等各種職業，在這段期間我心中的某個角落仍不斷縈繞著學妹說的話。

「成為ＰＤ就能盡情說出自己想說的故事了嗎？」

以前，為了讓大家閱讀我那不夠成熟的文字和想法，我做了很多苦差事，影印加裝訂，遇到人就發送，下次再遇見那個人還會問他的感想，然後繼續奮發圖強。相較於從前，現在的年代還真是幸福啊。早上起床，把我在閒暇時寫的文章修飾一番，接著只需更改公開閱讀的權限再按「發表」，就能讓幾千幾百人看到我的文章了。而且大家還會按「讚」或是留言給我回饋。這真是個美好的世界！

我認為ＰＤ的考試能順利合格都是多虧了我喜歡寫作的關係。ＭＢＣ的書面審查或作文考試都不難，畢竟我的興趣就是製作業餘的一人雜誌，分享自己的故事給大家。

我為了成為說故事的人而當上ＰＤ，但要是公司不給我執導的機會，我就變成了一無是處的人。劇作家寫劇本，演員負責演戲，而攝影導演則是必須攝影，如此才能製作出一部作品。過去的幾年間公司完全不給我製作電視劇的機會，我彷彿成了一個什麼都不會的笨蛋，所以我才每天早上寫文章。

當事情發展不順時，我會用其他角度來看我的工作。所謂ＰＤ的工作，既是說故事的人，同時也是賦予他人動機的專家。ＰＤ要找出有才華的劇作家，對他說：「您是能寫出有趣故事的人。」找到好的演員就告訴他：「您是能展現出千百種面貌的演員。」發現熱情的工作人員就要不時地對他說：「我從沒見過在這個領域裡有像您這麼能幹的人。」慰勞一起工作的人，讓他們能在各自的崗位全力以赴並樂在其中，這就是電視劇ＰＤ。

那麼，在日常生活中是否有方法能賦予他人動機呢？我在苦思這個問題的同時迷上了部落格。「這個世界上有太多東西可以免費享受了！甚至連學習英文都可以免費喔！」在部落格寫文章和在拍攝現場執導電視劇並沒有兩樣。我領悟到即使不透過電視劇，我也能在部落格這個空間分享有趣的故事。**我每天都實踐我的領悟，而這件事隨後帶來了新的工作機會**。寫文章寫到後來，不知不覺間我變成一個出書、演講和上電視節目的人了。

最近我利用部落格為自己每天的生活打氣，也賦予自己一些動機。我透過部落格讓世界看到我自豪的一面。我稱讚著自己並感到欣慰，就類似：「連這種書都讀過？哇，你太帥了！」「哇，你騎腳踏車去春川？有夠厲害的！」這種稱讚方式。這麼做讓我的人生慢慢變得有趣起來，我的表情也開朗多了。我會努力充實一天，好讓自己能在部落格上炫耀一番，那些方式多為讀書、旅行或是電影心得等。不知不覺，我的人生變得充滿樂趣。部落格就是我最可靠的朋友，它隨時隨地都守在我身邊，總是傾聽著我的故事。

與其當創造者，不如當創作者

我的夢想是創作者的生活，
而非創造者。練習創作最簡單的方法
就是在部落格寫作。

一九八〇年代後期，上理科的我對於未來感到不安。因此我讀了艾文・托佛勒和約翰・奈思比等未來學者的書。他們異口同聲預言了二十一世紀會是世界化和資訊化的時代。他們認為，通訊、交通、貿易的發達將造成市場的單一化，資訊機械的發展則會實現資訊化。因此我想，若要進入世界的市場並進行資訊交流的話，英文應用能力將成為一個重要的工具。所以我很認真地學英文，多虧於此，我後來也進入了外商公司工作。

一九九四年的我熱愛閱讀寫給上班族的自我進修書籍，當時我看了一本書名十分驚人的書——《終生雇用的時代即將消失》。這是一本日本經濟學家所寫的書，現在已經絕版了。由於他的預言都已實現，所以這本書的用途也消失了。書裡寫道，一九七〇～一九八〇年代的經濟高度成長期是經濟成長過程中的特殊情形，而經濟緩慢成長的時代將會到來，倒閉的企業也將逐漸增加。他認為，尤其是那些認為公司會保障一切，認真專注於工作的人，在公司倒閉的瞬間，他們就會被趕到街上。他建議大家**不要滿足於上班族的身分，必須成為一個專家，才能在工作的世界裡存活下來**。

當時的趨勢是第一份工作就是終生職業，終生受聘的時代，一想到要以業務員生活我就突然感到不安。因為我認為要將業務員稱為專家似乎有些不足。於是我為了成為專家，到外國語大學的口譯研究所進修。書中預言的「終生職場即將消失」，在四年後，也就是一九九七年底的亞洲金融風暴時頓時化為現實。一九九八年，我聽聞了前公司也要進行組織調整的消息，接替我職位的後輩在組織調整的過程中不得不離開公司。因此，我們是不能信任公司的。

一九九五年，還在就讀口譯研究所的我看了傑里米．里夫金所寫的《工作的終結》*。十九

---

* 王寅通譯，中國上海譯文出版社

世紀的產業革命帶來的結果是人類的人力勞動由機器所取代，而二十世紀的資訊革命將迎來人類的思考工作被電腦取而代之的時代。那麼，二十一世紀將會是歷史上第一個人類從勞動中解放的烏托邦嗎？還是會形成少數的資本家霸占生產設備，多數的人類則被排除於勞動之外的反烏托邦呢？

里夫金當時就已經做出了驚人的預言，他說，在不久的將來，自動翻譯機或自動口譯程式將會誕生，口譯師的職業則會消失。我看了他的書之後陷入煩惱。到底能在未來存活的工作會是什麼？里夫金說，與其當知識的二次生產者或傳遞者，不如成為知識的最初生產者。或許小說的翻譯可能被自動翻譯程式所取代，但是小說的創作是人類的特有領域，它將能長久存留下來。若說二十世紀是活字印刷文明的時代，那麼二十一世紀就是影像媒體的時代，因為這句話，我轉換跑道成為了影像媒體生產者——ＰＤ。

我想，過去的二十年之所以能以ＰＤ一職快樂地生活都是因為我依循了書中的建議。若說一九八〇年代有艾文．托佛勒，一九九〇年代是傑里米．里夫金，那麼現在就是哈拉瑞的年代了。哈拉瑞提出了更加驚人的預言。

十九世紀，工業革命創造出龐大的都市無產階級，這個新的工作階級帶來前所未見的需求、希望以及恐懼，沒有其他信條能夠有效回應，社會主義因而擴張。到頭來，自由主義是靠著吸收了社會主義的精華，才打敗社會主義。到了二十一世紀，我們可能看到的是一批全新而龐大的無工作階級：這群人類沒有任何經濟、政治或藝術價值，對社會的繁榮、實力和榮耀，也沒有任何貢獻。這個「無用的階級」不只是失業，而是根本無業可就。

——《人類大命運》，哈拉瑞著，林俊宏譯，天下文化出版

未來學者們所預言，**未來即將到來的變化有兩個，那就是壽命和失業率的增加**。意即我們是必須長時間玩樂的世代。退休後，我們要做什麼度過那漫長的時光呢？

在一九九〇年代學英文時，為了找到英文會話的聽力資料，我一邊收看AFKN**，一邊把有趣的情境劇全用錄影帶錄下來，像是《歡樂單身派對》《六人行》和《我為卿狂》等短劇，我會把這些劇當中我特別喜歡的情節錄下來以便珍藏。我會活用預約錄影的功能，但是有時候也很

**AFKN，現在稱爲AFN Korea，是駐韓美軍廣播電視公司。

常因為播出時間的變動而中途停播。當時要是我在外面吃飯，一到節目播出時間我就會跑回家在節目開始的同時按下錄影的按鈕。就這樣，我收集了幾百卷錄影帶，但我卻沒有時間重新收看，因為後來總是有新的劇情上演。最近已經可以在網路上利用影像串流服務或在IPTV上收看美劇了。於是我想：「以前那麼辛苦錄影都白錄了，現在只要坐在家裡就能輕鬆地找到以前的美劇收看了呢。」

雖然現在的選擇比以前來得多，實際上專注地選擇卻似乎變得更加困難。因為能選擇的選項變得太多，能集中精神的時間反而不夠了。因為這個世界有太多有趣的事物，若要欣賞別人的作品，從選擇的階段開始就必須傷神一番。然後，一旦習慣了這件事也可能會讓人變得麻木。現在開始，我們該自己製作有趣的作品。既然要長時間玩樂，與其被動地欣賞，主動的創作更有樂趣，而我們也能透過主動的創作獲得成長。

翻開《人類大命運》一書，會看到最前面有哈拉瑞親筆寫的句子。

Everything changes.

「所有的事物都會改變」，這是唯一一個恆久不變的真理。**所有的事物都會改變的**。**我們即將迎來變化的時代**。當世界改變時，我們該做什麼呢？當波浪打上來時，與其恐懼發抖，我更想帶著悸動的心情拿出衝浪板成為一個衝浪客；既然是一波大浪，與其掉入水裡慌張失措，我更想在水中盡情游泳。我不僅要盡情游泳，我還要翻開海裡的貝殼，找尋潛藏其中的珍珠。今天，我仍想著那即將到來的波浪，以擦拭衝浪板的心情閱讀並寫作。

哈拉瑞預言，我們是「Homo deus」（神人），也就是說我們將夢想成為創造者的生活。但是我的夢想是創作者的生活，而非創造者。練習創作最簡單的方法就是在部落格寫作，讓任何人都能成為創作者而活的最輕鬆道路就是部落格了。

每個人都能成為創作者

人人都能成為ＰＤ的時代
已然到來，必須在電視台工作
才能製作節目的時代也已經過去了。

小時候我很喜歡聽流行歌，可是當時的家境買不起ＬＰ唱盤或錄音帶。但並不是貧窮就無法聽流行歌，我會用錄音機兼收音機來聽廣播，聽到喜歡的歌就迅速按下錄音鍵。有時候已經開始錄音了，ＤＪ卻開始說話，有時候歌曲也會因為廣告而被截掉第二段。我也曾因此感到煩躁、鬱悶。當時要完整錄下一首歌還真是不容易。

大學時我自學英文。因為沒錢所以買不起會話錄音帶或英文雜誌，於是我每到整點就會收聽AFKN廣播的AP（美聯社）聯合新聞。我每天的功課就是以收聽整點時播出的五分鐘新聞為主。雖然我是個貧窮的小氣鬼，但只要我願意就能免費做到任何事，當時正是把我的信念具體實現的時期。

我渴望收藏音樂，所以我曾有過經營一間音樂欣賞室的夢想，自從我有了蘋果的iPod之後，我的夢想就以一種樸實的形式實現了。小小一台iPod能存放幾千首歌曲，我所在之處就成了音樂欣賞室。這跟只能聽廣播不同，廣播只能聽DJ播放的歌曲，而iPod可以讓我找自己想聽的歌來聽，這一點也讓我相當滿意。

對於熱愛免費的我而言，更大的欣喜是來自於我在iTunes裡發現的Podcast。在iTunes上搜尋Podcast來源就會跳出BBC、CNN、ABC等世界上所有的英文新聞，這些全是免費的。只要把新聞下載到我的智慧型手機，我的生活就不需要再配合整點播放的新聞，我可以隨時隨地免費收聽這些新聞。

Podcast為iPod＋Cast（節目），就是用iPod收聽或收看的意思。現在人們不用iPod了，取而代之的是智慧型手機的專用APP，「Podbbang」就是許多人愛用的APP。我們可以訂閱節目，無論是聲音或影像，只要有新的一集，手機便會自動下載，讓我們隨時都能欣賞節目。Podcast已不再是iPod或iPhone特有的媒體了。現在有許多不同的Podcast訂閱程式，因為它不再是iPod專屬，所以Podcast的用語也被重新定義為「Personal On Demand Broadcast」的縮寫。意為根據使用者的需求下載欣賞的節目。

Podcast對於想免費學英文或學習世界上其他知識的人而言是非常有用的資料寶庫。韓國最多人用的Podcast是Podbbang，因為它淺顯易懂地說明了何為Podcast，還介紹了關於製作Podcast的方法。我在Podbbang最常使用的功能就是Podcast排行榜，它超越了頻道的限制，只要按一下，最近的人氣節目就會像菜單一樣顯示在眼前。無論何時，打開Podbbang的選單就能聽到想聽的Podcast，對於小時候守在收音機前努力聽流行歌、學英文的我而言，這個時代真是個令人興奮的世界。

若說前述是我迷上Podcast的契機，那麼我深深愛上它的理由就是它讓使用者能轉變為內容提供者。

喜歡電影有三階段：欣賞、評論和製作。電視劇迷的三階段也是一樣的。只要長期認真看電視劇，不知不覺就會培養出分辨有趣和無趣的眼光，接著便會產生想直接製作有趣作品的慾望。

雖然大家都能欣賞作品，但是評論可就屬於專家的範疇了。代表性的例子就是電影評論和新商品點評等。然而，部落格讓評論變得普遍化。有許多具有實力的部落客寫出的評論甚至讓評論專家都相形見絀。報紙上刊載的美食遊記曾經是最具權威的美食評論，但最近也輸給了人氣部落客的美食探訪文章。部落格是讓過去為專家領域的評論普遍化的道具。儘管評論已經是人人都可以做的事了，但製作節目仍然屬於專家的領域。然而，在Podcast、YouTube和Facebook影片登場後，製作影片也漸漸變得越來越普遍。

人人都能成為PD的時代已然到來，必須在電視台工作才能製作節目的時代也已經過去了。製作《Kim Pro Show》的金專家*為了想製作自己喜歡的領域的節目，他甚至離開了無線電視台記者的工作，目前和我一起從事Podcast的節目製作。比起在工作時製作新聞，他更享受製作Podcast這個興趣，看著金專家，我更真實地感受到懂得玩樂的人的世代已經到來。Podcast讓節目不再受到大眾媒體這個少數且封閉的聯盟束縛，Podcast節目自此成為眾人的、從眾人出發的，且是為了眾人的媒體。

＊金專家並非本名。

寫作和閱讀都是免費的

無論是寫部落格還是看部落格
都是免費的，這是一個生產者和消費者
都無須花錢就能享受的興趣。

大學時期的我對電影相當狂熱，在現實世界憂鬱時，只要坐在電影院裡，所有的憂慮就會在那段時間全然消失。高中畢業後我看了幾百部的電影。當時我夢想走上電影人之路，某天我看到了報紙刊登的徵人廣告，是擁有眾多粉絲的成人影片製作公司——Yuho製片公司招募新社員廣告。

我記得當時是一九九一年的秋天，看到廣告上寫著Yuho製片公司我的臉瞬間漲紅，心也怦怦地跳。大概是看了太多該公司的作品，腦袋自動聯想到那些畫面了吧，然後我把這股悸動感用其他角度解讀，「是啊，像詹姆斯．卡麥隆這種好萊塢巨星級導演以前不也是二線導演出身的嗎？若要找忠武路的二線製片公司，當然是Yuho製片公司嘍。我要一邊執導成人影片，一邊夢想出道成為電影導演！」廣告中Yuho製片公司的住址就位於忠武路。而忠武路不正是所有電影人的故鄉嗎？

話雖如此，最後我並沒有實現成人影片導演的夢想。因為我沒有勇氣跟當時交往的女友說出這件事。

「那麼學長畢業之後想做什麼？」

「色情電影導演。」

（啥？）

結果我就這樣看女友的臉色，早早就收起進入Yuho製片公司工作的心了。畢竟我跟女友是好不容易才交往的，對當時的我而言，戀愛這道關卡比就業更加重大。

背包旅行是我僅次於電影的興趣。我心想，「我喜歡去旅行，也喜歡跟人相遇，又喜歡學外語，觀光導遊應該很適合我！」於是我便打算去考觀光口譯導遊資格考試。如果要參加考試就必須買指定的教材來讀，還要去補習班聽課才行。我就是因為沒錢才要找工作，但是我無法理解要找工作卻必須先花錢的概念。最後我因為不願意花錢，便放棄了觀光導遊的夢想。

後來，我找到能邊玩邊工作的終極職業就是電視台。因為我喜歡情境劇和美劇，我想，能製作電視劇維生應該是個不錯的工作。也就是說，工作並不是我的主要目的，玩才是優先考量。我想要**認真地玩，然後再把玩樂連結到職業**。

即使我年過半百了還是持續煩惱著自己的未來出路。過不久就要退休了，退休後我要做什麼？熬夜的戶外拍攝對現在的我來說越來越辛苦了，執導的直覺似乎也不如從前了，我該做什麼好呢？搜尋了關鍵字「退休後創業」，發現那要花很多錢。雖然有很多關於咖啡廳創業、投資移民等資訊，但資本額都相當高。況且我不喜歡為了賺錢而花錢。不花一毛錢就賺錢才是真正有利的好生意啊。沒有什麼工作是不花錢就能做的事嗎？幾經思索後我開始經營部落格。無論是寫部落格還是看部落格都是免費的，這是一個生產者和消費者都無須花錢就能享受的興趣。我心想，我既喜歡看書又喜歡寫作，或許未來的夢想可以是在部落格寫作的全職作家也說不定。

有一個社交活動平台APP叫做「Frip」，是一個讓懂得玩樂的人招集想一起玩的人的

APP。舉例來說，有一個活動名為「鐘路夜間健行」，顧名思義就是晚上爬到仁王山上欣賞首爾夜景的活動。這個夜間登山活動從景福宮站開始，途中經過社稷公園和母子岩，最後爬到仁王山頂看夜景。在仁王山俯瞰的首爾夜景非常壯觀，但若是女生一個人應該不方便去吧？也可能因為不擅長登山而難以下定決心。此時要是能加入這個社交活動平台和大家一起爬山不是很好嗎？另外還有名為「完全征服健行路線」，這個活動會在週末上午出發，花半天的時間走首爾的健行路線。這兩個活動的參加費用皆為一百五十元，只需繳費便能開心又健康地玩樂。等我老了退休後，我也想透過經營這類平價型玩樂活動賺點零用錢。零用錢是其次，光是能找到一起玩樂的朋友就已經感激不盡了。

最近我的興趣是開發首爾近郊的旅遊行程，我想這在我退休後或許可以成為消遣的活動。結合我目前為止做過的工作中的口譯師和電視劇PD來看，我應該可以排出一個專屬於我的首爾市特色旅遊活動，像是「用英文進行的首爾電視劇拍攝名勝觀光」。如何？若能在上了年紀後和他人分享我做了一輩子有趣的工作樂趣該有多好？

讓世界認識我

在SNS時代，我們所有人
都必須成為宣傳「自己」
這項商品的廣告文案者才行。

想成為ＰＤ或記者的人通常想到寫作他們的腦海裡就浮現論述文。想著評論或評價而寫文章是不有趣的。**無論做什麼，要做得好就要經常做，想經常做就必須樂在其中才行。**請試著在部落格或Facebook上寫文章吧！既可以自己主導文章，也能獲得各種回饋。此外，公開的文章還能傳達給許多人，在個人宣傳方面也是效果滿分。未來將不再有終生職場的概念。因此我們必須做各式各樣小而樸實的工作來維生。在人工智慧主導生產的環境中，勞動力極有可能變成臨時且片段的工作。此時，我曾經上傳到網路的文章便成了我的自我介紹。

有許多自我進修書籍建議上班族試著寫一本書，原因是來自於以下三種理由：第一，為了寫書就必須閱讀該領域的書籍並學習。第二，寫書的同時可以釐清自己的思緒，讓自己變成該領域的專家。第三，可以利用出版的書來宣傳自己。這難道不是一個階段性自我成長的好方法嗎？寫部落格的效果也是一樣的。首先，由於寫作是始於閱讀，因此寫部落格會讓自己養成日常的讀書習慣。在**寫自己有興趣的主題時能同時訓練自己統整思緒**。再者，這當然也能讓我們宣傳自己。

未來在社群媒體上寫文章時，或許可以當作自己在寫宣傳自己的廣告文案。

鄭哲的《文案書》是一本為了所有想成為廣告文案的人所寫的文案寫作教科書，也很適合用來作為學習寫作的教材。想要寫出好文章，就要像思考廣告文案一樣書寫才行。在廣告文案中最優先考量的是經濟性。無論是在平面報紙或電視畫面上，廣告中的一字一句都是錢。簡短有力的寫作正是廣告的勝負關鍵。

在寫自我介紹或論述文時，開頭的幾句話就能決定輸贏。必須在一開始就吸引住評審委員的眼光才行。若是太過於想要說服對方的話，寫作時容易變得緊張。而若是以熱烈的心情寫出長篇大論，或許作者本身很開心，但讀者是會不耐煩的。

自我介紹也要像廣告一樣，一字一句都要細細琢磨。減少字數也能節省對方閱讀的時間。寫遊記時總是容易越寫越長，因此有些遊記作家會在旅行後經過一段時間才寫作。隔了一段時間再來記錄旅行，就會過濾出有記錄價值的內容了。我們必須經常思考吸引讀者目光的方法。平凡的文字是無法吸引讀者的。龍仁地區的公寓比首爾公寓還便宜一百五十萬元，在替龍仁公寓打廣告時，若是寫：「比首爾還要更加便宜的破盤房價！」這種句子無法讓人留下印象。

「在龍仁買一個家，剩下的錢買一台車給老婆。」

這樣的句子才能在人們的腦中刻劃出畫面。一看到這句話，腦中瞬間跳出一直以來想買的那台車，還有為紀念買新車全家一起兜風的模樣，大家乘著新車馳騁在東海岸七號國道的畫面頓時浮現眼前。比起模糊的概念，用文字描繪出鮮明的畫面更具效果。

「你所寫的所有文字都是文案。」

這句話真的很打動我心。在SNS時代，我們所有人都必須成為宣傳「自己」這項商品的廣告文案者才行。

徜徉在網路大海中的我的分身

越是忙碌的人
越要使用部落格，因為自己的文字
會代替本人傳遞自我價值的。

或許有人會好奇要如何在百忙之中抽空寫作。越是忙碌的人越該寫部落格的理由十分明確。

我想，或許日本最忙碌的人之一就是蔦屋書店的創始人增田宗昭社長了吧。帶領ＣＣＣ（Culture Convenience Club）集團的他，在日本被稱為革新的楷模。

增田在一九八二年開了一間唱片出租店，此為他創業的第一步。他以「Culture Convenience

Club」（直譯為文化便利俱樂部）的商業名稱開始了他多面向的事業，我們所熟知的蔦屋書店正是其中之一。在增田扶植日本最快速成長的文創集團時，他也同時在煩惱著。原本只是他和友人兩人一起建立的事業，不知不覺竟成長為集團，隨著全國據點和店鋪的增加，他越來越難和員工們親身分享他的經營哲學或展望。二〇〇七年他開始寫部落格，目標讀者則是CCC集團的職員，十年來，他在部落格上傳了將近一千五百篇的文章。後來這些文章的精華被集結成書，即為《風格是一種商機》*。

增田透過部落格的文字對大家訴說：「**命令無法打動人，夢想才可以。**」

身爲領導人，必須擁有整合人才、打動人心的力量，
不過，除了技術層面外，更重要的是，必須爲集團描繪夢想的能力。

「成爲世界上最棒的企劃公司」，
打從一開始這就是我成立CCC集團的夢想。

——《風格是一種商機》

如同日本動畫《攻殼機動隊》中最後一句台詞一樣，「網路無限寬廣」，所謂的部落格，便是在網路的大海裡創造一個我的分身。我上傳至網路的文章代替我和人們見面。若是能直接見到全國的職員，和他們分享自己的展望和價值雖然很好，但若是沒時間那麼做，增田宗昭就會透過部落格上的分身和職員見面。

現在是文化藝術的時代。藝人之所以能獲得大眾喜愛的原因是什麼呢？答案是，因為他們是分身術的達人。歌手或演員透過音樂或電視劇的數位複製影音和大眾見面。而我們則和藝人的數位分身陷入熱戀。我們深陷一種幻想，以為明星就在我耳邊對我唱著情歌，站在我面前對我說出愛的告白一樣。

我曾在二〇〇七年去英國倫敦研習。當時美國的流行歌手——王子（Prince Rogers Nelson）出了新專輯。那時候網路上的非法下載十分猖獗，歌手們即使出CD也變得難以銷售了。用唱片賺錢的時代已然結束，那是個必須找出新的收益來源的轉捩點。王子將他的新曲CD免費分送給大家，他把CD夾在英國知名日報的週日刊，以特別附錄的方式發送給全國。他竟然免費發送正

＊增田宗昭著，邱香凝譯，天下文化出版。

式販賣要價超過三百元的CD，此舉造成相當大的轟動。事實上CD的製作費並沒有那麼昂貴。後來，無論走到何處都能聽到王子的新歌。在新歌占據了幾週英國告示牌排行榜的第一名後，王子來到英國開了演唱會，那場演唱會盛況空前。他免費分送價值三百元的CD，然後再販賣價值幾千元的門票。

Psy的〈江南Style〉MV也是同樣的狀況。他在YouTube上免費公開這首歌的MV，在歌曲大紅後開的演唱會果然也是造成了空前的盛況。無論是歌曲、影片或是文字，只要是能夠免費欣賞的數位文創作品就會在短時間被人們複製和散布。傳到網路上的我的作品經過複製後能讓許多人看見，而這也再度提升了現實中的我的價值。

在網路複製的時代中，部落格是使用上最輕鬆簡便的分身術工具。請試著利用部落格展示自己的想法、夢想和工作吧！**越是忙碌的人越要使用部落格，因爲自己的文字會代替本人傳遞自我價值的。**

YouTube 短篇電影製作指南

PD平常都在玩些什麼？我個人是玩媒體。有時候我會自己拍電影，也會製作脫口秀，偶爾也在公司自己開「Facebook直播。我玩的是不需花費一毛錢，免費製作屬於我自己的影像作品！用手機拍影片，再利用免費APP編輯，接著將完成品上傳到YouTube或Facebook與所有人共享的時代已經來臨了。在此公開分享「低預算獨立SF電影製作記」。希望有志成為電影導演或PD的人都能把這個方法當作一次有趣的活動試著挑戰看看，也希望大家可以把低預算電影上傳到YouTube上分享給全世界！如此一來，大家一定更能親身體驗到新媒體時代的新紀元。

製作短篇電影的五個階段

1．企劃

要拍什麼電影？問題的答案來自於自己平常的喜好。我個人是科幻（SF）的狂熱迷。我以前在翻譯以撒．艾西莫夫的SF小說時因緣際會認識了一些出版社編輯。我們每個月聚會一次，見面時就聊各自喜歡的電影、漫畫和美劇的話題。某一天大家突然談起：「我們要不要試著自己製作ＳＦ電影？」

聚會的成員們各自寫劇本，親自上陣演戲，也輪流擔當工作人員，我們就是如此的意趣相投。那麼，要寫怎樣的劇本呢？我們只定了兩個標準。首先，一定要是ＳＦ電影。用低預算拍ＳＦ自製電影？畢竟我們號稱ＳＦ狂熱迷，當然要拍ＳＦ嘍。低預算拍得出來嗎？請先看一下我上傳到部落格的劇本吧。

第二，電影的拍攝一定要在大家出遊的兩天一夜之內完成。所以劇本的背景就勢必是有露營地或民宿的度假地區才行。因為我們的主旨是去玩，而不是工作。

2・劇本執筆

等大家都決定好自己想拍的電影點子後，各自帶著自己的企劃案一起開會。

「我想試著拍攝這種故事，如何？」

我們在六份企劃案當中選出最想寫成劇本的那個案子，在所有點子中選出最受好評的作品。因為這只是玩票性質，所以我們可以摒除商業性的考量，只要選出最有趣的故事就行了。

劇本就由被選到的企劃案負責人直接撰寫。而我們的劇本特徵就是，演員不會超過六個人。由於當時的聚會總成員為六人，所以同一個場景也不能一次出現六個人，必須要有一個人負責拿攝影機才行。其他就由寫劇本的人自由發揮了。關於合不合理、是否有辦法拍攝，我們決定把這些煩惱都留待後續討論。

當負責撰寫劇本的人寫好劇本草稿後就會用mail寄給所有人，等各自讀完草稿再聚集起來開劇本修改會議。在這場會議裡，我們會思考劇本中難以拍攝的劇情之替代場景，或把劇本改成方便進行的方向。

開劇本修改會議是有要領的。雖然每個人都能自由表達意見，但是最終決定權都在劇本作家的身上。任憑點子再好，若是劇本作家不接受，那也沒轍。劇本會議不能用多數決來決定事情，這是因為我們不能以成員的多數意見來侵犯劇本作家享有的創作權。創作活動並非是所有人擁有相同表決權的民主性會議過程，而是身為一個創作者對自己所創作的故事負起責任的作業。我們必須認同一點：最終決定權永遠屬於劇本作家。而且我們也必須大大讚賞劇本作家的功勞。如此一來，拍攝時才不會太過辛苦。如果劇本不夠可靠，拍攝過程就容易出現混亂現象，在編輯時也會挫折地想：「話說回來……這到底哪裡有趣？」所有人都要冷靜地閱讀劇本並判斷需要修改的部分，該修改的修改；

若該劇本是修改了也無法挽救的劇本就必須放棄，重新找新的劇本。拍攝或編輯的過程中也可能會毀了有趣的劇本，但也可能讓原本不有趣的劇本起死回生。總之，最終完成品的有趣內容中一定要有八成以上是包含在原始劇本裡的才行。

劇本經過修改後就成了完稿，在拍攝前大家會先一邊讀劇本一邊簡單地練習。我們這組人馬喜歡到一個特定場所閱讀劇本，那就是弘大前咖啡廳的地下包廂，那股碉堡或祕密基地的氛圍正好適合用來避人耳目，偷偷練習演戲。業餘的演員也只有如此練習才能自然地展現出演技。尤其我們真的很常躲起來練習，因為在讀劇本時必須呈現出外星人或追逐UFO的FBI探員的演技。

3．拍攝

出遊兩天一夜的期間盡情拍攝吧。重點是「盡情盡興」！這部電影既不是作業，也不是要在某個影展參展的作品。既然我們因為好玩而拍電影，若是拍得不開心不就沒意義了嗎？雖然我們用的攝影機是因能拍出電影一般畫質而受人注目的數位相機——5D Mark（Canon EOS 5D Mark II），但最近即使用手機也做得到高畫質拍攝了。

業餘人士拍攝電影的重點在於不侷限於形式或專門用語，也請不要太過在意困難的拍攝專有名詞和鏡頭焦距。若是為了提高技術性的完成度，不僅會拖慢拍攝進度，也會降低拍攝成員的成就感和作業效率。

我們拍攝一部十分鐘的短篇電影需要花大約五、六個小時。星期六早上十點左右到達，在露營地找好位置，吃過中餐後就拍攝整個下午。拍攝時，同樣場景的戲盡可能集中在一起拍攝。此時，每個場面都要拍全景、中景和近景，如此一來之後在編輯時就能活用了。晚餐我們會一起看當天拍攝好的影片。在看過彼此的演技後，若覺得有所不足就在隔天補拍，硬是勉強拍攝會越拍越累。想要有效利用時間就要充分地活用空間才行，為了拍攝好的背景畫面而跑得太遠是不行的。用手機拍攝影片並上傳到網路時，太過執著於畫質也沒有什麼意義。與其為了畫面而犧牲拍攝的氣氛，不如將拍攝現場的樂趣擺在第一位來進行拍攝作業比較好。

4・編輯

許多業餘人士會在編輯階段遇到困難。要怎麼做才能編輯得好呢？我想奉勸大家，如果可以的話請不要在編輯時太過炫耀技術。比起花費心血在字幕、畫面效果或場景轉換等編輯階段，還不如拍攝時用心一點。舉例來說，怎樣的拍攝角度可以更有效且簡單地傳達故事，這一點便是在拍攝時就該考量的事項。在主角流露情感的重要場面時，不要因為背景美麗就用大角度拍攝，當場景平淡地轉場時，突然加入很顯眼的效果也是不行的。這會打破觀眾的情感投入。讓看的人意識不到的編輯才是最好的編輯。

編輯過程中導演的介入，意即需要凸顯或不凸顯畫面是根據影片種類的特性而有所不同。不是有人說人生近看是悲劇，遠看是喜劇嗎？喜劇這個種類會常讓畫面中的狀況和觀眾保持一定的距離，而電視劇則需要觀眾投入劇情，是一個越近越能引起觀眾呼應的種類。所以喜劇喜歡用全景，電視劇喜歡用特寫。要保持距離還是要拉近，這個決定權也是導演的分內工作。

在編輯時必須記住的另一個要素是播放時間。如果你的目標是將影片放在YouTube或Facebook，作品的播放時間最好不要超過十五分鐘。要在YouTube上傳超過十五分鐘的影片會有所限制。這是因為業餘人士上傳的影片若超過十五分鐘是很有可能會侵犯到著作權的。上傳短篇影片經過認證後就可以正式地上傳長篇影片了。不過YouTube收視群的特徵是偏好短篇的影片，而十五分鐘以上的業餘短篇影片通常很難擺脫無聊的感覺。在讀劇本時，盡可能調整在一小時內會比較好。如果辛苦拍攝的影片卻因為要縮短時間而被編輯掉的話是很心疼的。

5．發表

以前即使製作了業餘影片，多半只能聚集一些朋友開個放映會便結束。而現在可以上傳到YouTube讓全世界的人收看了。我也在YouTube的頻道上傳了名為《K-drama 101》的影片，當時發現線上發表影片竟是如此簡單還嚇了一跳呢。

想透過YouTube發表自己的作品首先需要的是一個YouTube帳號。我建議大家，即使現在還沒有製作好的影片作品，也可以先建立一個帳號。「free2world」是我的部落格ID兼推特ID，不過在YouTube上已經被人使用了，於是我不得已地改用了「TheFree2world」為我的頻道名稱。YouTube的ID就等於頻道名稱，若想使用好的ID最好盡早建立自己的帳號。

Part

03

越寫越有好處

我想要一輩子都當個說故事的人。
一想到今天上傳的文章可能是我在世界上留下的最後遺言，
我就更加努力寫文章了。

盤算部落格的收入

重要的仍是動機，而非方法。
以這種層面來看，
金錢方面的動機也很重要。

摸索新的方向時，我總是先從讀書做起。當ＰＤ時和開始寫部落格我都讀了前輩們寫的書。現在的我夢想在退休後當全職作家，成為作家的前置作業當然也是看書嘍。因為我很好奇作家會賺多少錢、如何賺錢，所以我便找書來看了。森博嗣的《作家的收支》*引起了我的注意。

任職日本某一所國立大學副教授的森博嗣在一九九六年，也就是他四十歲的那年寫了第一本小說。他的興趣是收集模型，但是副教授的收入並不是那麼充裕。為了賺一些零用錢，他在中年出道成為作家。此後他在十九年內寫了二百七十八本書，光是版稅就賺了約一千二百萬元。這樣的收入應該能輕易蓋一棟模型城堡了。據說他最近的興趣是在庭園裡搭乘自己做的模型火車玩樂。能在自己住家的庭園鋪上軌道、搭乘模型火車繞圈，我想所謂「**成功的狂熱迷**」就是這種人吧？

我自認認識大部分的日本作家，但是我卻對森博嗣這位作家的名字感到生疏。這表示他沒有寫出十分知名的作品。儘管如此他的版稅收入仍能達到一千二百萬實在是令我吃驚。日本的出版市場竟如此之大？不禁有些羨慕。我並不盼望自己能在庭園裡搭火車。我只希望總有一天我能用版稅的收入買湯瑪士玩具火車組合給孫子玩，這樣我就心滿意足了。雖然買給女兒們的是仿冒品，但在孫子面前我想成為買正牌禮物的帥氣爺爺。

儘管我希望書籍暢銷，但要寫出暢銷書並不是一件容易的事。森博嗣認為，要寫什麼題材來增加書籍銷售數量是作家該自己思考並努力的。意即，別去找編輯問：「該怎麼做才能寫出賣得

＊暫無中文版，原文書名爲《作家の收支》。

好的書呢？」這是因為，站在出版社的角度，找出賣得好的作家比培養不賣的作家變成暢銷作家還要來得容易。這些話真是讓我感觸頗深。工作為電視劇導演的我也有同樣的想法。要好好培養演技不佳的演員不是那麼容易，很少人能因為建議或忠告頓時覺醒並搖身一變。所謂自然的演技是經過歲月的淬鍊累積之下自然而然展現出的能力。當然不只有演員是如此，導演和作家也是一樣。**成長完全是自己的責任，必須自己煩惱並領悟出成長的方法才行。**

許多人認為談到錢就顯得俗氣，然而森博嗣作家卻把作家賺了多少、怎麼賺錢都鉅細靡遺地告訴我們。雖然錢不是第一優先的要素，但若能賺錢一定能更容易持續這份工作吧。他提出了一個終極的建議給所有有志成為作家的人。

「要成為作家請如此這般做」，請不要被這種既存的祕訣給迷惑了。總之只要寫自己的作品就行了。什麼寫作技法都無所謂。重點不在於「該怎麼寫」，而是在「無論如何，就寫吧」。

——《作家的收支》

這真是一個好的建議。重要的不是怎麼寫，**無論如何，動手寫就對了**。換句話說，結果重要的仍是動機，而非方法。以這種層面來看，金錢方面的動機也很重要。

讀完《作家的收支》後，我突然對「部落客的收入」產生了好奇心。經營部落格可以賺到多少錢呢？利用部落格賺錢的方法中最普遍的便是透過Google AdSense賺取廣告收入。經過我在網路上搜尋的結果，有許多人說用Google AdSense可以賺到僅次於月薪的固定收入，市面上也有許多書籍談到用部落格賺錢的方法。我並不常活用Google AdSense。我的部落格名為「天下有白吃的午餐」，既然如此我就不想帶給訪客不便，讓他們來看我的文章前還必須點擊廣告才能流覽。不過，為了研究Google AdSense，我只在電腦畫面顯示它，而這種程度的廣告露出，能讓我每一、兩個月從Google公司收到一百美金的支票。

我那喜歡玩手機的二女兒敏書最近將Google創始人賴利．佩吉選為她最尊敬的偉人第一名了。某一天，她讀了賴利．佩吉的傳記，接著就開始描述他是個多麼了不起的人，也開始不停讚賞YouTube和Google。敏書咧嘴一笑對我說：

「爸爸你也很清楚Google是多厲害的公司吧。因為爸爸也拿Google的薪水啊。」

「爸爸是領ＭＢＣ的薪水。」

「嗯，可是Google也會寄支票給爸爸，那是因為它要謝謝爸爸在部落格上寫了好文章。」

我曾經給敏書看過Google寄來的三張百元美金支票。後來孩子看待我的眼神就截然不同了。

「哇！Google竟然寄錢給我爸爸！」

我聽說，如果把Google AdSense固定設置在手機畫面上，做到真正的廣告露出的話，每個月收入三萬元都不是難事。退休後要是我的零用錢來源枯竭，或許我會在手機畫面也掛上Google AdSense也說不定。因為一個月賺三萬元的部落格廣告收入，就等於一間工作室的月租了。

每天持續寫作的報酬

> 我只不過是
> 在做自己喜歡的事就能賺錢，
> 這簡直是一石二鳥。

某一天，退休的父親打電話給我。

「下個月開始孝親費要漲價了。」

我每個月給父親七千五百元，這次他說要調整成一萬五千元。他說，為什麼薪水和物價都漲了，孝親費卻沒跟著漲價，他要我把這些話也傳達給我妻子。從薪資帳戶自動轉帳出去的金額增加了。父親在收到調漲後的孝親費隔天把我們叫回家，回去吃了飯準備離開，父親突然遞給我一個信封。信封裡裝了現金七千五百元。

「這筆錢是什麼？」

「是調漲的孝親費，我把它還給你。」

「為什麼？」

「不要告訴你老婆，你去開一個私房錢帳戶，把這些錢好好存著。」

父親這樣對我說。

「老婆不知道的七千五百元比老婆知道的十五萬元還要來得珍貴。」

總而言之，妻子知道的錢就不是我的錢了。年過七十的父親時常和高中同學一起去登山。只要是去冠岳山或清溪山，就會有許多人參與。某一天，大家聊著內藏山的楓葉絕美，要一起租一台巴士一起去，結果聽說參加的人突然減少了大半。這表示因為繳不出會費一萬元而無法參加的人就是那麼多。每個月存七千五百，一年就存了九萬，十年的話就是九十萬，父親叫我退休後就用這筆錢去做一些自己喜歡的事。

「一旦退休，私房錢就成了男人力量的來源。小子啊，你總有一天會老去，到時候你一定會找來我的墳墓對我說：『謝謝父親！』」

就像父親說的，存一筆私房錢是很重要，不過錢這種東西就是要好好使用的。**若要不著痕跡地用錢的話，就失去了用錢的樂趣**。我找了一個能合理存私房錢的方法，向妻子提了這件事。

「老婆，我一毛錢都不會動到我的月薪，那些錢全都給妳。不過，我工作時間以外所賺的寫作稿費和演講費，就讓我自己另外存吧。」

以後我用部落格賺的錢就是我的私房錢。我集結部落格文章而出版的書也十分成功。也常有雜誌社看了我部落格上的文章請我寫稿。寫一篇文章大概可以拿到四千元。我認真寫的書評也讓我收到了一些推薦文的稿件邀約。寫十張稿紙可以收到八、九千元的稿費。這就等於每天清晨起床寫一、兩小時的文章帶給我每個月大約三萬元的固定收入。我只不過是在做自己喜歡的事就能賺錢，這簡直是一石二鳥。有時候也會有演講邀約透過部落格聯絡我。去學校、圖書館或企業演講的話大約可以賺一萬五千到三萬左右。每天在部落格寫一篇文章，長久下來，演講時遇到任何主題我都能輕鬆地侃侃而談。從這一點來看，部落格果然是我的職業研究開發園地。

我不羨慕藝人

我正在透過部落格
逐步實現我的夢想，
成為不遜色於藝人的專家講師的夢想。

每當藝人傳出緋聞時，身為電視台ＰＤ的我總是會被問到這種問題。

「他們兩人交往的事是真的嗎？」

其實我不太在意別人的戀愛情事。而我最在乎的，是要怎麼做才能在妻子面前獲得好分數。

不過某些時候我還是會感到好奇，那就是女演員和男歌手之間爆出熱戀消息的時候。女演員和男歌手兩人陷入熱戀的原因會是什麼呢？

雖然演員似乎是個華麗的職業，但工作的過程其實是連續的單純作業。在轉換鏡頭位置和角度時，演員要一直反覆同樣的演技。高中時的老師經常對我們說這種話。

「你們如果不好好用功，以後就會做那些夏天日曬冬天吹冷風的工作了，知道嗎？」

電視劇拍攝正是如此。夏天時在咖啡廳拍攝室內戲卻無法開冷氣，因為同步錄音會錄到空調的噪音。冬天拍戶外戲的時候真的非常冷，尤其是拍攝歷史劇和時代劇時經常會在山崗拍攝，那裡連可以躲避冷風的地方都沒有。即使如此，女演員們也不會穿著厚實的羽絨外套。由於鏡頭總是跟著她們，所以她們必須注重造型，那種有型的衣服大部分都不太防寒。熱的時候受熱，冷的時候受寒，真的很辛苦。

那麼歌手的情況呢？我在當綜藝ＰＤ時曾做了一年半左右《人氣歌謠暢銷50》的助理導演，音樂直播節目的舞台真的相當華麗。從大型揚聲器傳出轟隆作響的音樂聲，當天的主角站在燈光璀璨的舞台上，在數千數百名粉絲的歡呼與掌聲中載歌載舞。相較於歌手之下，即使辛苦拍攝電視劇或電影也很難直接感受到觀眾的好評。而歌手們只要開演唱會就能即時體驗眼前觀眾的歡呼了。當眾多女性粉絲對著舞台熱情大喊「歐爸*！」時，坐在觀眾席上某個角落的女演員心中對

*韓文哥哥的中文諧音，女生稱呼男生時使用，粉絲對偶像也多稱「哥哥（歐爸）」。

歐爸的愛更是熱切。我從不曾夢想自己成為藝人，因為我相當清楚自己的外貌不夠帥。不過我倒是挺羨慕那些諧星的喜劇公演，因為我也喜歡逗人開心。我很喜歡看美國的ＴＥＤ或《改變世界的十五分鐘》。**自我進修是我的興趣，能聽到在某個領域取得成功的人們分享故事，是一件既有趣又具意義的事**。長期聽演講下來，我也產生了想嘗試一次的慾望，我也變得想在觀眾的掌聲中走上舞台。既然有了想嘗試的想法，即使目前只有我一人，我也要挑戰看看。

部落格是無論別人會不會來看，只要自己埋頭寫作即可，但是演講就沒辦法自己做到了。演講是必須要有觀眾的。為了練習演講，我便用自拍模式拍攝影片上傳到YouTube上。

一邊拍攝一邊練習，我漸漸有了自信心。某一天我到果川科學館參觀ＳＦ電影祭，在那裡看到了名為「十月的天空」的演講海報，海報的副標寫著：「今日的科學家致明日的科學家」，那是一個科學家演講的樂捐計畫。科學家們會走訪全國的圖書館，向青少年進行特別演講。雖說是科學演講，但有規定只有科學家才能演講嗎？因為我想參加這場演講，於是我便主動聯絡主辦單位。我向他們表示，雖然我不是科學家，但我是狂熱的科幻小說迷，也曾翻譯過科幻小說、企劃過科幻情境劇，如果能給我機會，我希望能講述「電視劇裡的科幻故事」這個演講主題。結果他們爽快地答應了。

那一年，我在春川的「矮牆圖書館」對視障學生們進行了演講，天文學博士李明憲老師也共同參與了這場演講。李明憲博士看著我，對我說道：「您講得很不錯呢！」後來李明憲老師只要策劃科學演講活動就會邀請我當講師或主持人。一開始我是分毫不取地去演講，演講久了我的實力也提升了，實力提升後，花錢請我演講的地方也變多了。後來我站上了我夢想的舞台——《改變世界的十五分鐘》。我想我這輩子或許永遠無法忘懷上節目的那天。觀眾的迴響真的很熱烈。看著人們聽了我的故事又哭又笑，我也從中得到了力量。更重要的是，在那次演講之後，我的演講邀約瞬間增加了。人們將我的影片分享到YouTube或Facebook，那便成了宣傳「身為講師的我」這個品牌的廣告。

只要我有想演講的主題，我就會先在部落格裡新增分類。若是要教導他人，勢必要先學習才行。我會找跟主題相關的書來閱讀，統整好自己的想法再寫文章。我想對孩童父母講述有關育兒方面的演講，所以我在部落格連載了育兒日記。《韓民族日報》的記者讀了我的部落格文章便拜託我連載育兒專欄。本來是不收任何錢寫的育兒日記，記者卻請我連載，既提升我的知名度又給我稿費，這真是感激不盡。我持續在部落格上傳主題為「在人工智慧的時代該如何教育孩子呢？」的文章。區公所的家庭支援中心看了這些文章後請我以父母為對象進行演講。確定演講後我傳了一份公告到部落格，「我將在某月某日於某地演講」，公告上傳後又有其他地方和我聯絡。「我們學校也想邀請PD來和學生家長們演講關於學生的未來出路。」

部落格等於是我的演講經紀公司。人們在看了我傳到部落格的演講《改變世界的十五分鐘》後便邀請我去當講師。他們會在我經營的部落格留下祕密留言，或是在留言板上留下聯絡方式，我看到他們的留言就會聯絡他們。就像這樣，部落格和演講形成了良性循環的關係。

演講一次的薪資大約是三萬左右，我想，世界上沒有比演講更好賺的生意了。無論是作家或講師，寫作或說話都不需要花費不是嗎？我的人生、我的日常生活就是話題素材；在圖書館借的無數書籍就是演講的資料。儘管一開始有些尷尬，只要常做就會漸漸進步了。摒除錢的因素，站在數百位觀眾面前，接受著歡呼與掌聲，這讓我一點都不羨慕藝人了。我正在透過部落格逐步實現我的夢想，成為不遜色於藝人的專家講師的夢想。

價值數百萬元存款的寫作技術

> 技能比錢還要更珍貴，
> 而在多數技能中，
> 沒有比寫作技能更加有用的了。

金京錄在他的著作《一人一技》中提出一個忠告，他認為**若要有幸福的老年生活，我們必須熟悉一種以上的技能**。這位作者是在保險公司的退休研究所工作的人。他說，友人把自己的公司收起來後存了大約兩千一百萬的儲蓄，每個月的利息大約是三萬元。而他進行了一次演講，那次收到了三萬元。他心想，「啊，兩千一百萬存款的利息也不過等於一個月演講一次的價值嘛。」

由於現在是低利息時代，錢的價值並沒有那麼高。「立即可領型」的年金保險費用是三百萬元，儲蓄利息每個月不過只有六千六百元。技能比錢還要更珍貴，而在多數技能中，沒有比寫作技能更加有用的了。最近我在網路媒體上每週連載一篇讀書專欄，收到稿件邀請時我計算了一下，我大約會收到一萬五千元的稿費，這等同於在銀行儲蓄六百萬元所產生的利息，一想到此我便以感恩的心情一口答應了這個連載邀請。

只要有遇見雙薪家庭的後輩我就會跟他們聊這個話題。

「老婆只要一個月賺約八萬元以上，就等於是儲存了數百萬財產所得到的利息。我們一定要對老婆心存感謝，好好地對待她，因為她，我們家才可以晉升資產家階級。為了協助老婆能持續兼顧育兒和職場生活，老公也要有身為一家之主的意識，一起分擔家務才行。此外，老公要盡全力幫助老婆取得工作上的成功。若是老婆小自己五歲，那麼她投資在工作上的進修也能讓她延長五年的退休年限。」

我的夢想是在退休後仍能一點一滴地增加收入。我會把這輩子工作所繳納的國民年金和個人退休金拿來當生活費，而當作興趣從事的工作若能每個月賺三萬元就好了。一個月賺八、九千的稿費、一萬五千元的演講費和六千元的版權費是我的夢想。為了這個夢想，我今天也清晨就起床，在電腦前敲打著鍵盤。問我為什麼寫作嗎？當然是為了我快樂的退休生活嘍。

有時候我也會和妻子說大話，「就算我沒辦法留下房子或遺產給孩子，我也會成為一個讓他們能領版稅的父親。」然後妻子便會對我說：

「你以為你是托爾斯泰還是海明威嗎？談什麼版稅遺產。」

將版稅作為遺產留下的方法很簡單，只要在臨終前一直持續寫作就行了。總有一天我最後寫的那本書的版稅會轉移給孩子的。就算不是鉅額，孩子應該也會認為，「爸爸在人生最後一瞬間仍死守在鍵盤前」，不是嗎？我想留給孩子的不是版稅，而是這種態度。

解決退休問題最好的對策就是不要退休。我想要一輩子都當個說故事的人。成為老年全職作家，雖然這個想法像夢一般，但只要有部落格就可能實現。我想透過部落格將這輩子的生活感觸一字一句寫下來，像是在講古老故事似的說給大家聽。要是能把這些故事集結成書也不錯。上了年紀後，部落格對我似乎又有了新的一層意義。我每天上傳一篇文章，總會有不上傳文章的那一天到來吧？一想到今天上傳的文章可能是我在世界上留下的最後遺言，我就更加努力寫文章了。我要成為老年全職作家，把每一天都活得像人生最後一天一樣盡興，再把每天的日子記錄在部落格上，這就是我夢想中的老年生活。

每天都會有一次的機會

經營部落格讓我覺得頓時增加許多打獵的機會。

朋友們常問我一個問題。

「如果收視率超好的話，電視劇ＰＤ的薪水會增加嗎？」

「不會。」

無論電視劇的收視率超過百分之三十或是低於百分之五，ＭＢＣ的ＰＤ領的薪水都不會有差異。有的朋友會擔心，如果薪水沒有獎勵的制度，是否會造成影響士氣的問題。然後我會像這樣對朋友說：

「如果收視率好就要求加薪的話，這也就代表收視率不好就要減薪了吧？在創意為重的組織裡，將收視率和薪水綁在一起的連動制度絕對不是一個正確的薪水制度。」

「是因為你沒自信提高收視率才這麼說的吧？」

朋友們的這些反應真是讓我哭笑不得。如果電視劇受歡迎，即使沒錢也很幸福，沒吃飯也像吃飽了一樣。電視劇失敗時才是需要錢的時候。感到痛苦折磨時，至少該喝一杯酒，再不然也要逛逛網路購物，買一些遙控無人機或腳踏車等新玩具來玩，利用購物來抒解自己的心情。**我相信，對於失敗的容忍是比給予成功的報償還更加重要的。**

我想起了林承秀老師在演講時說過的「抓野牛的印地安人」這個故事。有一個靠獵食野牛維生的百人印地安村落。在那個村落裡，每個人身上都會帶著一枝長矛出門獵捕野牛為食物。這一百人會圍住野牛，接著一起擲出長矛，其中會有三~四支長矛射中野牛，抓來的野牛便由一百人一起分食。然而，有一天有一個印地安人站出來說話了。

「每次都是我射到野牛的，為什麼我要跟你們分享野牛的肉？這太不公平了。喂，這樣下去不行。大家各自在自己的長矛上寫名字。從現在開始只有射中野牛的人才能吃肉。」

於是乎新的報償制度開始實施，大家又一起出去狩獵了。射中野牛的人吃到肚子撐開，沒射中的人只能飢腸轆轆地餓著。如此過了一、兩個月，開始出現一次都沒射中野牛的人被活活餓死的情形。原本一百人的村落現在變成七十人了，又過了一個月，只剩下五十人存活。當五十人一起出去狩獵時，野牛不再像以前一樣容易圍困了，即使射出長矛，只中了一、兩枝矛的野牛就那樣逃走了。結果演變成全村的人都被餓死的狀況。

電視劇ＰＤ就是抓野牛的印地安人。有射中的時候，也有射偏的時候。重要的是無論如何都要能出門獵捕、發射長矛才行。**若是因爲節目的成果不好就被排除在導演工作之外，那就沒辦法從失敗的經驗中學習，也無法有餘地再嘗試新挑戰了**。我們也該思考這會帶給年輕的後輩怎樣的影響。若要感到人生有活著的價值，那就必須得讓戲劇性的逆轉有發生的可能。我們要讓後輩見識，一直以來工作有氣無力的前輩一旦遇到適合自己的企劃也能虎虎生風，這樣才能讓後輩們懷抱希望。如果這個世界是失敗一次的人永遠出局，只有不斷成功的人才能獲得機會，那麼究竟有誰能在這種叢林裡感受成就並快樂地工作呢？而存在於這種世界的贏家也會和輸家一樣活在不安之中的。

我非常喜歡幾年前的電視劇——《Nine：九回時間旅行》。對於一個科幻迷，甚至曾經翻譯科幻小說的我而言，以時間旅行為題材的電視劇能獲得大眾的喜愛真的讓我很開心。但這也讓我想起以前我執導的《我來自朝鮮》被提前停播的惡夢，不禁有些心痛。

《Nine：九回時間旅行》裡有一種神祕的線香可以讓人回到過去。要是我有那種線香的話，我想回到十年前。我想對當時因《我來自朝鮮》徹底失敗而極度痛苦的我說：「不要過度自責。時空旅行的題材在十年後會成為流行，甚至還會出現超紅的電視劇喔。不只如此，十年後的我還會把這次提早停播的事當成部落格的素材來寫，笑著回憶往事。所以，在那之前你就開心地撐下去吧。」

經營部落格讓我覺得頓時增加許多打獵的機會。執導電視劇的機會一年不見得能獲得一次。若是長矛射偏、錯失機會的話，我就得餓上一整年了。而在部落格寫作則每天都會有一次機會。這和迫切期待被射出的長矛是不同的武器，感覺像是把庭園裡的石頭一一丟出去的心情。雖然不知道會丟中兔子還是鴿子，但是因為一直有丟擲的機會，所以能放心地享受打獵。我吃著同事分享給我的野牛肉，心想，「總有一天我也會射中野牛，不過今天就先懷著感謝的心享用吧！」

沒有比寫作更賺的生意

如同村上春樹所說，
觀察周遭、收集經驗的行為
不需花費任何一毛錢。

對我而言，部落格是不需花錢的興趣。我會閱讀從圖書館借來的書，清晨起床在上班前寫一篇文章。偶爾會有雜誌社邀請我寫專欄，也會有出版社的出書邀約。即使分毫不取我也能快樂地寫作，而他們竟給我稿費和版面，這是多麼感激的事啊！我越想越覺得，沒有什麼比寫作更賺錢的生意了。村上春樹的《身為職業小說家》中有一段是這麼說的。

世界看起來好像很無聊，其實卻充滿了許多魅力的、謎樣的原石。所謂小說家就是擁有能看出原石的眼睛的一些人。還有一件很棒的事，那些都是免費的。

——《身爲職業小說家》，村上春樹著，賴明珠譯，時報出版

如同村上春樹所說，觀察周遭、收集經驗的行為不需花費任何一毛錢。沒什麼興趣比這更好了。而寫作除了是興趣，同時也是學習。**在學習某件事時，最好的方法就是寫關於該事物的文章**。將腦海裡的想法寫成文字可以釐清想法，讓知識變得更加明確。如果想確認自己知道的知識是否正確，只要試著教導別人那件事即可。雖然沒有方法可以確認自己腦海中的想法，但若是在別人面前訴說或寫出來，就能觀察對方對此的反應了。有時候我的部落格文章下會出現很直率的留言，寫著：「我無法認同你。」每當這種時候我都會重新檢視自己的文章。為了說服那些我看不到的讀者，我會更加努力學習。

從理科畢業，經歷業務和口譯，後來進MBC擔任PD一職，我其實相當煩惱，我擔心著「該怎麼做才能把PD的工作做好？」為了學習當個導演，我閱讀並寫相關的文章，結果我在

《PD，WHO & HOW》和《PD所謂的PD》等書中刊載了自己的稿件。一開始接到稿件邀請時，我覺得有些羞愧，「我這種程度的人寫關於PD的文章也沒關係嗎？」但最後我還是決定寫了。我心想，「我要告訴大家，我這種程度的人也能當上PD。」

幾年前一個新人PD和我說了這番話。

「因為我不是出身新聞傳播系，所以我很猶豫是否要報名PD考試，就在那時恰巧看到前輩的文字，讓我有了勇氣。」

我想寫出帶給他人勇氣的文章。我想告訴大家，像我如此缺乏實力的人也能活得很開心。不過，對於寫作我仍然沒有自信，雖然我喜歡寫作，但我寫得不好。編輯對著因文筆不好而煩惱的我這麼說道：

「PD，如果覺得寫作有壓力，那就以平常說話的口氣寫寫看文章吧。畢竟說話很簡單嘛！」

於是我寫部落格的文章也像說話一樣的寫。想要做好某件事時，讓自己做好的方法就是每天規律地做，所以我每天早上都像聊天般的寫著文章。

為了夢想的夢想部落格

我想送給自己一份新年禮物。
一個人能給自己最好的禮物是什麼呢？
人生在世最珍貴的東西便是時間了。

二〇一五年十二月二十六日我在部落格上傳了一篇文章。當時我想送給自己一份新年禮物。**一個人能給自己最好的禮物是什麼呢？人生在世最珍貴的東西便是時間了。**因此我在聖誕節時決定送給自己二〇一六年這個新年，也就是給自己一整年的時間。所以我在部落格上傳了一篇公約，說明自己將如何度過未來的一年。

1．更新計步器紀錄

二〇一五年秋天，我帶著爸爸一起去紐約旅行。那時候每天都走一整天的路，某一天，我的手機震動了起來。是「三星健康」這個APP通知我達到「達成最多行走步數」的內容。知道自己走了二萬八千步讓我相當有成就感。十一月二十四日，我在智利百內國家公園徒步旅行時，手機又再度傳來通知，是我更新步行紀錄為四萬五千步的訊息。那個紀錄很快又被打破了。十二月一日我在阿根廷的菲茨羅伊峰徒步旅行，當時走了四萬六千步。每天更新計步器的紀錄也是一件很有趣的事。**新的一年我也決定要把走路當作運動，認真地健走。**我會計算每天走了多少步，在更新步行紀錄的那天就把手機上的紀錄截圖並上傳到部落格認證。在部落格寫下公約、留下紀錄，既能當作一個動機，成就感也相當大。而健康的生活習慣則像附加價值般的隨之形成。我就是為了體會這種感受才經營部落格的。

2．挑戰讀書新紀錄

有時候人會被國家、公司或朋友背叛，有時甚至會被愛情背叛。但書是絕對不會背叛人類的。我在當防衛兵時很常去蔚山南部的市立圖書館。身穿軍服時的我是一名防衛兵，坐在圖書館時我則感到自己就像學生。因為著迷於這股感受，於是我瘋狂地讀書。後來在秋天時圖書館跟我聯絡，他們說我在閱讀週的活動裡被選為「本年度閱覽群書讀者獎」的最優秀獎。我問他們我讀了幾本書，他們告訴我，我一年間光是在圖書館就借閱了超過兩百本的書。自此之後我將一年閱讀兩百本書的事蹟當成是我人生中最驕傲的事。不過，把二十三歲創下的紀錄用來炫耀一輩子也很害羞。所以我決定向新紀錄挑戰。目標是一定要讀超過兩百本書。究竟我會讀幾本書呢？我的競爭對手是二十三歲的我。「較勁看看吧，二十三歲的自己！」

3．一年寫一本書

這輩子我透過閱讀得到了許多。現在我已經五十歲了，是時候該煩惱如何回饋社會了。我思索著，或許可以每年制定一個主題，閱讀相關的書籍後再把學習結果分享到部落格上。有些人會去上夜間部研究所，但是比起繳交學費、接受教授的指導，我比較喜歡不花錢的自主學習。或許我可以去圖書館閱讀自己感興趣的領域之相關書籍，規律地在部落格上撰寫文章，然後再集結那些成果出版一本書。以「自學之神」為題的系列正是由此而生。**每年我會選定一個主題然後深入探究**。「該如何不花錢地自學英文？」「透過部落格這個興趣創造職業的方法為何？」「有沒有方法可以不另外花錢和時間，在日常生活中就能享受旅行？」我會選擇一個諸如此類的主題，根據這些主題每年寫出一本新書就是我的夢想。

一年過去了，我在二〇一六年十二月二十四日上傳年終結算結果。首先，我的步行紀錄在五月時達到了四萬六千八百步，更新了我的舊紀錄。只要有空我就會走首爾健行路線，也拿到了走完全程的證書。我讀了兩百五十本書，創下我這輩子閱讀量的最高紀錄。還有，我交出稿件，出版了《你背過一本英文書嗎？》。現在，每當新年即將到來我就感到悸動。我想著，「今年要送什麼禮物給自己呢？」然後忙著在腦海中計畫一切。

新年新希望的三個條件

每年到了新年，我就會以將一年送給自己當禮物的心情在部落格上寫出新年決心。我所考量的新年決心有三個條件。第一，盡可能不花錢；第二，不受場所和時間限制，而且是一個人也能做的事；第三，就算中途放棄也不要感到自責。

1．不花一毛錢就能做的事

想要管住自己不堅定的心志時，我們就會借助錢的力量。

「好，既然我已經買了六個月的健身房會員卡，我就會怕浪費錢而上健身房了吧。」

「我都在英文學習網站買了一年的上課券，那我至少會讀幾個月的英文吧。」

但是結果又是如何呢？一開始還能從你炯炯有神的眼裡看到決心，但最後還是浪費錢了吧？借助錢的力量讓自己下定決心的方式既徒勞無功又不切實際。如果真的想下定決心，請挑戰那些不需花費任何一毛錢的事情。例如下決心背誦家中現有的一本英文書，或是每週從圖書館借閱一本書，又或是一週寫兩篇部落格文章等。有許多方法可以讓自己不花到錢就能把一年過得更好。

2．隨時隨地都能做的事

要具備一定條件才能做的事情，代表著實行起來也比較困難。我不喜歡幾個人聚集在一起開讀書會，也不喜歡去補習班學習。我要做的事情必須是只要我下定決心就隨時隨地能獨自做到的事。若要等待讀書會招集足夠成員、等補習班開課，在等待的過程中學習的熱情就冷卻了。然後自己就會默默將開始學習的決心推遲到下個月開課為止。無論是怎樣的決心，應該要在下定決心的瞬間就能立即實踐才行。運動也是如此。比起需要夥伴才能做的運動，我更喜歡一早起床便能立刻做的一〇八拜運動、家庭健身和在社區走一萬步等運動。

3．即使中途放棄也絕對不要自責

有時候也會心想，「明知道一定會中途放棄，何必每年都制定新年決心？」不過，中途放棄又如何？想試著改變自己人生的那股決心不是很了不起嗎？人生在世，誰都不知道明天會發生什麼事。因此，就先從今天這瞬間開始下定決心吧。明天會有明天的狀況。即使發生了新的狀況而放棄也不要感到壓力，這樣才容易下定決心。別因為放棄而自責。昨天下定決心的我和今天的我是不一樣的人。反正，在我們吃喝拉撒的期間，我們體內的組織細胞也已經改變了啊！我之所以中途放棄，是因為昨天的我做了不自量力的決定才會導致如此。今天的我不必無謂地因此感到壓力，如此生活下去會比較好。

Part

04

每天寫作的力量

每天上傳一篇部落格文章是我和自己的約定，

也是我和世界的公約。

文字擁有咒語般的魔力，

腦海裡的想法或一句話雖無法規範住我，

但用文字寫出來的約定卻能成為改變人生的魔法咒語。

戰勝才能的堅持

> 在人工智慧的時代，
> 最必須具備的力量就是原創性，
> 而原創性的第一元素正是韌性。

去年，我送給升上高中的大女兒敏智一本名為《恆毅力》*的書當寒假禮物。即使我無法傳授才能給孩子，我仍可以給孩子發揮韌性的動機。我相信，韌性是達到成功最重要的因素。

有一個人叫做史考特・巴瑞・考夫曼，據說他小時候曾是學習遲緩兒。他小時候曾罹患中耳炎，自此之後他的聽覺就變差了。由於他聽不清楚別人說的話，他的學習成就也跟著降低。他小學三年級甚至被留級，後來他接受了ＩＱ智力測驗，結果因為他的ＩＱ太低便被送到學習障礙兒童的特殊學校。

在考夫曼十四歲時，一個特教老師朝他走近並問道：「為什麼你不上難度高一點的課程？」考夫曼回答，因為自己的智商低，所以聽那種課會很辛苦。老師接著說：「**誰會知道你能做到什麼、不能做到什麼？**」他聽了這番話之後，試著挑戰了新的活動。而大提琴便是其中一項。

「我想證明給大家看，我能夠做到任何事情，而且我也是一個有智商的人。以當時的心情來說，不管要我做什麼都沒關係。」

他參加了大提琴比賽，囊括了各種獎牌，也獲得了自信心。他的學習成績也日漸進步。後來他才知道，原來他並不是一個腦袋不好的人，由於他好奇自己以前智力測驗拿到低分的理由，日後他便選擇主修心理學。他分別在卡內基美隆大學、劍橋大學和耶魯大學獲得了學位，最後成為了一位心理學系的教授。而他仍然將演奏大提琴當成他的興趣。

讀了這本書之後，我心想：「原來有另一個跟我一樣的人啊！」我在學生時期也因為書讀得

＊安琪拉，達克沃斯著，洪慧芳譯，天下雜誌出版。

不好而感到自信心低落。我是在二十歲開始學英文後才有了自信心。就讀外國語大學口譯研究所時我認識了一個首爾大學英語教育系出身的朋友，在鄉下就學的他，國、高中時一直都是全校第一名。聽了他的話，我問道：「你從來沒有一次不是第一名嗎？」結果他反而對我的疑問感到驚訝。他反問：「難道你一次都沒當過全校第一名嗎？」全校第一名算什麼，我連班上的第一名都沒當過呢。

不需要因爲困難、不會讀書就放棄自己的能力。變成大人之後，我發現在人生當中，韌性比才能更加重要。對於下定決心要做的事情就要堅持到底，這樣的心態是很重要的。因為困難而無法在學習上發揮韌性，是因為那並非自己立定的目標。而每天一定要上傳一篇部落格文章的決心則是我和自己的約定。和周遭的期待無關，這是出自於我個人的野心，因此我才能夠發揮出韌性。

「我們的虛榮、自戀促成了對天才的崇拜。」尼采說，「因爲，只要把天才視爲奇蹟，我們就沒有必要拿自己去跟天才相比，發現自己的不足……當我們稱某人是『奇蹟』時，也就表示『沒必要跟其相比了』。」

——《恆毅力》

一旦我們認為「有才華才能把文章寫好」，就等於替不努力的自己想出了辯解。問題在於，辯解的過程會導致培養比才能更重要的後天性資質——韌性的機會逐漸消失。若是我們認為世界上所有成果都是才能帶來的，那現在這瞬間便沒有任何我能做的事情了。如果你好奇自己是否具備寫作的才能，就先從每天寫一篇文章做起吧。我能向你明確地保證，我們每個人都有說話和寫作的才能。因為這是區分史前人類和人類的重要指標。

請不要因爲自己的才能不出衆就放棄。在還沒發揮韌性前是無法知道自己有沒有才能的。即使最後領悟到自己沒有才能，但若是能藉此培養出韌性，也等於得到了一個比才能更重要的能力。韌性比才能更加重要。在人工智慧的時代，最必須具備的力量就是原創性，而原創性的第一元素正是韌性。

怎麼做才能培養原創性？獨步日本文壇的作家——村上春樹說，培養originality（原創性）的因素是時間。村上春樹在他的第一本小說於文壇亮相後又出了兩、三本書，但他並沒有在這幾本書出版後銷聲匿跡，他持續從事文字工作三十五年，寫了許多作品，這就是村上春樹身為作家的原創性。

村上春樹提出了三個原創性的條件。

1．擁有獨自的風格。

2．此人的風格必須憑自己的力量升級改進。

3．隨著時間經過必須標準化，必須讓人們的精神吸收。

他說，要滿足這三個條件，「時間的經過」是很重要的。

即使某個時候忽然出現擁有個人風格的表現者，強烈地吸引世間耳目，如果他或她轉眼之間就消失無蹤，或令人厭倦，那麼他或她的「原創性」就很難斷定。往往只是「曇花一現」就結束了。

——《身為職業小說家》，村上春樹著，賴明珠譯，時報出版

為了確保物理性的時間，村上春樹將自己與社會隔離開來。他在歐洲城市的河邊或夏威夷海岸跑步後便回到住處靜靜地坐著寫幾小時的文章，如此地日復一日。這除了可以讓作家確保寫作的時間，也是作家將世間對自己或作品的批評進行物理性隔離的方法。

村上春樹藉著每天固定時間跑步和游泳來鍛鍊身體，他的日常習慣真的令我十分尊敬。聽說他一天會花五小時坐在書桌前寫二十張兩百字的稿紙。他從來不曾發生：「啊，今天寫作真是行

雲流水，那就寫個三天份吧？」因為這種想法可能會帶來另一種想法：「唉，今天寫得很不順利，休息一天好了？反正上次已經寫了三天份啊。」重要的是，**不抱希望也不感絕望**，每天固定寫二十張稿紙的習慣。如此一來，一個月就是六百張稿紙，半年的話就等於寫了三千六百張稿紙。他的另一本小說《海邊的卡夫卡》的草稿就是三千六百張。

我並不是要大家不要發光發熱一次，而是**要讓那股火光持續燃燒**，這就是身為創作家創造職業的方法吧。仔細想想，這件事該有多辛苦啊。寫部落格也是如此，比起一時的才能，韌性更為重要。我的個人色彩是不會被一篇文章界定的。我希望，透過長久以來固定上傳的文章來顯露出我的思想，也希望能藉此讓我的人生樣貌更加清晰。

耍手段是行不通的

> 因為我們無法得知上天為我們準備了怎樣的命運，我們人類只能日日做好自己，盡力活下去。

總算開始經營部落格了，但是初期因為訪客很少，我不禁感到無聊。我的部落格文章幾乎囊括了所有我知道的領域，無論是英文學習、旅行遊記，甚至是寫給兒童的ＰＤ教學等，儘管如此訪客數還是沒有成長。每天的訪問人數平均三十人左右，繼續這樣下去的話，我擔心我會對經營部落格感到無力而關閉部落格。

我這麼努力卻沒看到成果，所以我必須找出解決妙計。我在網路上搜尋了「增加部落格訪問人數的方法」。結果找到了許多方法，例如在文章裡標籤人氣關鍵字，藉此誘使流覽數增加，或是用文章題目吸引人上鉤的方法等。我在其中發現了一個**最令人信賴的忠告**，**那就是每天規律地上傳文章**。「原來如此，看來經營部落格也必須勤勞才行。」於是我從二〇一一年七月開始每天早上都上傳一篇文章。

難以置信的是，我的部落格訪問人數真的增加了，而且每天都在逐漸成長。原本一天只有三十人的部落格，在我規律地每天上傳文章的幾個月後，訪問人數的程度提升到了一天三百人。我開始感受到樂趣了。既然看到了一些成果，目標就要提高才行，如此一來才有挑戰的趣味。我將目標定為一天訪問人數一千人。一千這個整數很有氣勢，所以我才以一千人為目標，但是冷靜一想，我不禁懷疑我真的能達成目標嗎？一天要如何吸引一千人呢？

若要說執導綜藝節目學到了什麼，應該就是為了提高收視率而必須瞭解觀眾的口味這件事吧。在節目改版會議上，最重要的議題是掌握節目播出時段的主要觀眾。青春情境劇之所以消失於無線電視台的傍晚七點時段也是因為收視群的改變。十年前《男生女生向前走》系列開播時，傍晚七點時段的收視群以十代觀眾為主流。但是，後來的國、高中生一放學就必須立刻去補習班，傍晚七點的十代觀眾也因此變少。結果七點的青春情境劇就被八點的家庭情境劇所取代了，後來就連家庭情境劇都消失，現在播放的節目變成了以主婦為觀眾的每日連續劇。

就像ＰＤ為了提升收視率而分析收視群，身為部落客的我，為了增加訪客人數也分析了訪客的取向。瞭解來訪關鍵字和來訪路徑也是統計分析上的重要資料。在部落格初期的文章中，「免費ＰＤ教室」的迴響相當不錯。因此我曾想過，為了有志成為ＰＤ的人們，我要打造一個專門化的部落格。我會配合電視台公開考試的季節在網路上進行就業特別講座，也上傳了推薦書單給想成為ＰＤ的人們。自從我將部落格專業化，加上每天上傳文章，訪客人數也規律地增加了。「總有一天我可以擔任新電視劇的導演，只要那齣戲爆紅，我的部落格一日訪客人數一定能輕而易舉地超過一萬人。」我笑開了嘴，一邊想像著未來，一邊獨自感受幸福的滋味。

然而，人生就是如此妙不可言。很稀奇的是，現實跟我所期待中的模樣完全不一樣。我原本想讓我的部落格伴隨新的人氣電視劇達到一萬訪問人數紀錄，但是我的部落格卻因ＭＢＣ罷工的開始而迎來嶄新的局面。

二〇一二年一月三十日開始的ＭＢＣ罷工帶給我的人生和部落格許多影響。我當時擔任ＭＢＣ媒體工會本部的工會副委員長，因此我收到了兩次的拘捕令。當時我坐在警察局的拘留所中接受拘捕令的實質調查，最先浮現我腦海的想法是，「從這裡出去之後，明天又多了一個素材可以寫在部落格上了。」後來那份拘捕令遭到駁回，我出了拘留所之後當然把這個題材拿來寫了。沒想到那篇文章引發話題，我的部落格一日訪問人數超過了我夢想中的一萬人。人生啊，竟能如此諷刺。

身為一個ＰＤ，我想將自己這個品牌打造成浪漫喜劇專門導演，所以我長久以來一直在累積執導的經歷。如果有一天我有機會能製作有趣的電視劇或情境劇，我想透過部落格連載我的導演日記，並在上面和觀眾進行交流。然而，奇妙的是我竟變成在部落格寫下拘捕令駁回的消息。因為**我們無法得知上天爲我們準備了怎樣的命運，我們人類只能日日做好自己，盡力活下去**。我期待未來某一天我可以在部落格上傳製作人氣電視劇的執導心得，如此期待的同時，今天我也依舊在部落格寫文章。部落客的人生其實也不壞。那是因為，即使我處於收到拘捕令的最壞情形，我仍能品嘗到夢想實現的反轉滋味。

樂在其中才能每天寫作

> 想要每天寫作的話該從何下手？
> 就如同我一直強調的，
> 必須先享受每天的生活才行，
> 要以樂趣來充實每天的生活。

　　雖然我每天都寫一篇部落格文章，但是我從來沒有一次認為自己文章寫得好。如果我文筆好的話，或許我就不會像現在這樣每天寫一篇文章了。就因為文筆差，才會想把文章寫好，也才會經常寫作。**無論是學習英文或寫作，想把任何事情做好的祕訣，除了每天練習之外沒有別的了。**

　　想要每天寫作的話該從何下手？就如同我一直強調的，必須先享受每天的生活才行，要以樂趣來充實每天的生活。喜歡閱讀才能寫書評；享受旅行才能寫遊記；熱愛電影才能寫出具有說服力的電影感想。用小小的樂趣填滿每一天，把日常生活的幸福分享給他人正是所謂的經營部落格。

「我過著很酷的生活、我有想要和他人分享的故事，因此，我的文章沒有任何不足。」必須如此相信，字裡行間才會有自信心。準備就業的學生經常獨自練習作文或是寫作。雖然讓他人細看並評價文章會讓寫作不愉快，但也不能為了避免受傷就只寫給自己看，這麼做是無法增強作文實力的。我平常為了提升自己的文筆，經常找一些文筆好的高手的文章或談話來看。作家恩宥在《Channel Yes》*的訪談中提到，「光是寫祕密文章，文筆是無法進步的」，我也深有同感。

文章就和人一樣，自己一個人在個人的空間裡寫作的話是無法成長的。文章和人一模一樣，必須出來這個世界，經過衝撞和跌倒的文章才能進步。在部落格寫一篇日記並發表成祕密文章的話，文筆並不會進步。

——恩宥於《Channel Yes》的訪談：「光是寫祕密文章，文筆是無法進步的」

＊Channel Yes為韓國的網路雜誌平台。

我的部落格上也有祕密文章，我把還沒修改好的未完成文章儲存為非公開模式，等修改到我滿意的程度時我就會公開發表。誰都看不到的文章不會讓我緊張，奇怪的是，一旦上傳為公開模式再重新看過之後，那些文章的瑕疵和需要修改的地方就變得醒目起來。於是我便來回於撰寫與閱讀的立場之間定期地修改文章。

我想將姜元國老師在《改變世界的十五分鐘》裡的主題演講「戰勝寫作恐懼的方法」推薦給害怕寫作的人。

姜老師在這場演講中告訴我們讓寫作變得容易的三個祕訣。

第一，請自己制定一個截稿時間。若是深陷於想寫好文章的慾望，那就絕對沒有完成文章的一天。只要定出截稿時間，在有限的時間內努力寫作的話，一定可以完成文章的。

第二，請催眠自己。如果太在意他人的眼光會寫不出文章。只要想著別人對我的文章不太感興趣的話，心理壓力會跟著減少，寫作時也能行雲流水。

第三，請投入寫作。投入寫作的祕訣非常簡單。只要坐著寫出一行句子，人自然會專注於那段句子上。只要坐下來開始寫作就能投入了。

在此再補充一個祕訣：習慣是很重要的，也就是要培養出自己寫作的習慣。意即，在特定時間、坐在特定的場所裡重複著特定的動作。一開始懶散的腦袋一定會覺得麻煩也會妨礙習慣的養成。但是，只要持續反覆著同樣的行為，人的腦袋也會自然而然察覺到這件事，並產生一股想法：「哎呀，看來今天又要寫作了。好，既然你這麼想寫作就寫吧。」一開始無論如何都想引導你做其他事情的腦袋在不知不覺間放棄掙扎並順應習慣的日子會像奇蹟一般到來的。

想多做一件事，就必須少做一件事

我的人生已經很「滿」了。
若要多做一件事就必須捨棄另一件事。

某一天在我的部落格留言板上出現了如下的問題。

因爲我今年的目標是閱讀，所以我就到書店挑書，挑著挑著讀到了PD您的書。結果我又新增了一個學習英文的新目標。有一點我感到很好奇，像您這麼忙碌的人，既能閱讀又出門旅行，那麼您和孩子們是如何共度時間的呢？該不會是忽略了孩子們吧？請PD教導我您分配時間的祕訣。

閱讀這個問題的瞬間，我的心被狠狠地刺了一下。無論爸爸再怎麼努力陪孩子玩，對孩子而言都還是不夠的。我一邊在心裡下定決心要更用心和孩子玩，一邊寫出了我的回答如下。

管理時間時我會畫出三個同心圓。

1．最中間的核心圓是我。

2．圍繞著我的第二個圓是家人。

3．最外面的圓則是朋友和工作同事。

分配時間時先將最中心的圓填滿。我的順序最為優先，再來是家人，而同事則在最外圍。關於投資的核心，華倫·巴菲特曾如此說道：

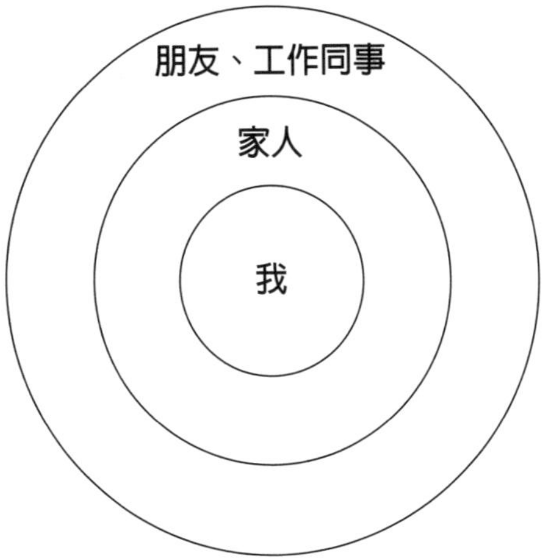

「請盡可能對自己做出最多的投資。因爲你就是自己的最大資產。」

我的時間管理最大的特徵就是不在晚上和人相約。一個月頂多只會出席一、兩次推不掉的約定。我不會去同學會或聚會場合。就算晚上有約，我也會在七點前跟對方見面和吃飯，到了晚上九點，最晚十點就會起身離開聚會。如果有人硬拗我去第二攤或灌我酒，我下次就再也不會出席這種場合。

我的妻子由於工作忙碌，經常晚回家。要是我和人相約喝酒的話，孩子們就必須在爸媽都不在的情況下睡覺了。雖然我們家有一位幫忙照顧孩子的阿姨，但是我和妻子有個心照不宣的默契，那就是爸爸和媽媽兩人之中一定要有一個人趕在孩子睡覺之前回家。妻子是因為工作才會晚回家的，但我可不能為了和人約喝酒而晚歸。所以我才不喝酒也不和人約晚上見面。

養大女兒讓我領悟到一個事實，孩子找父母的行為只會維持到小學為止。等孩子當上國中生之後，優先順序就變成朋友了。要求父母陪自己玩也只會到十歲左右為止。我每天晚上都和二女兒一起吃飯，吃飽玩一下桌上遊戲，到了九點就讀書給孩子聽，接著再一起睡覺。

這並不是為了家人而犧牲自己。我這麼做都是為了我自己。自從離開拍攝現場換到播放室工作，我就必須輪值大夜班。或許是因為上了年紀，熬夜對我來說還真痛苦。我在夜班隔天必須早點上床睡覺，將生理時鐘調回正常狀態才行。萬一在沒有夜班的日子因為喝酒而太晚入睡，日夜顛倒好一陣子，身體也會很疲倦。日班時早上七點三十分開始為上班時間，因此我會在清晨五點起床。我一定要維持早睡早起的習慣，如此一來，即使有時日夜顛倒也能保有身體的健康狀態。

因為我十點就睡了，所以每天一到清晨五點就會自動清醒。起床之後我便開始寫部落格文章。孩子起來前和上班前的時間是我唯一能專注於自己身上的時間。想要五點起床就必須在晚上十點前睡覺才行。若是喝酒喝過午夜才回家，又為了寫部落格一早五點勉強自己起床，我的身體會相當疲累。人在累的時候是很難寫文章的。既不是工作也沒有人付錢給你，卻必須在清晨捨棄睡眠並不容易。若要享受寫作的樂趣，就必須早點睡覺，並以神清氣爽的狀態醒來才行。晚上照顧孩子，和孩子一同入睡，清晨起床，這都是為了確保自己的時間而做的事，這便是我的時間管理核心。

人氣部落客們偏好的最適合上傳文章的時間是在早上六點到七點之間。因為上班時間透過SNS點擊文章的流量是最多的。在早上七點上傳文章的好處在於，這些文章能輕易地被早上通勤的上班族和學生所收看。午餐時間和下班時間的Facebook或Instagram使用量也會增加。然而，在一天的中間上傳文章不是很有效率。因為這會打斷工作的脈絡，也很難完全專注於張貼文章。

不會受到約定或工作妨礙的唯一時間就是早上六點。

有人問我，既然我不和人相約晚上見面，這是否會阻礙我的社交活動？這很難說。當我人生中有了更想做的某件事時，我會反省我的人生。現在在我的人生中能拿掉什麼東西？**我不可能多做一件事卻什麼都不捨棄**，因為我的人生已經很「滿」了。若要多做一件事就必須捨棄另一件事。對我而言那便是晚上的喝酒聚會。

上了五十歲之後我領悟了，**世界上所有的事都有它的時機**。首先，育兒便是如此。當小孩吵著要你和他玩的時候是很令人感激的。等孩子長大了，即使父母想跟孩子玩，孩子也不會想陪了。在孩子小的時候專注於孩子身上才是正確的。自我進修也一樣，當你有一件想做的事，就必須要立刻去做。現在這瞬間我最喜歡的事是閱讀、旅行和寫作這三項。我的生活專注於這三者之上。雖然我一直都想寫書，但是我要工作，又必須教育兩個女兒，實在很難擠出時間寫稿。況且我還要讀書和旅行呢。於是我下了一個艱難的決心，更改了我的KakaoTalk*檔案。

「用功模式，每天上傳部落格文章中！」

現在，每天上傳一篇部落格文章是我和自己的約定，也是我和世界的公約。有賴於這個約定，我規律地寫文章，也能集結出用來出書的稿子了。文字擁有咒語般的魔力。腦海裡的想法或一句話雖無法規範住我，但用文字寫出來的約定卻能成為改變人生的魔法咒語。事情不順利時，有人會怪國家、怪公司或怪主管，並藉酒抒發憤怒，但是這麼做卻只會傷害自己的身體。事情不順時我會反省自己：現在這個瞬間我能做的事情是什麼？今天應該要做什麼事才不會讓明天過得像今天一樣辛苦？

我夢想自己能做有趣的事情並日漸成長。首先，我必須變成更好的人，我才能變成一個更好的爸爸，也才能成為更具競爭力的職場人士。每天清晨，懶惰的我和勤勞的我之間總會爆發衝突。每當這個時候我都會替勤勞的我加油。因為，能帶給我更大的成就感與更多樂趣的人，永遠是那個勤勞的我。

---

*類似LINE的通訊服務APP。

總之先撐下去

我相信，在死之前，
只要呼吸尚存就有機會。
為了成功治孤，首先必須撐下去。

所有事情都是一樣的，部落格的文章量必須累積到一定的程度才會有質量上的變化。訪問人數並不會因為投入的時間成正比就跟著成長，而是在某個瞬間突然急遽增加。問題在於，要撐到那個瞬間並不容易。若是無法立刻看到成果是會讓人想放棄的。這種時候我就會要自己「活得像一隻始情馬」。

在賽馬場裡身價最高貴的馬為種馬。據說種馬的身價甚至可以達到三億。只有留下血統好的種馬基因才能得到出色的賽馬，因此種馬受到極為尊貴的待遇。據說馬實際的交配時間只需要三～五秒。然而進入發情期的母馬非常凶暴，若是草率地讓馬匹交配，很可能會被母馬的後腳踢得死於非命。

戴維．巴斯的《進化心理學》*提到，雌性和雄性投資在卵子與精子的程度不同，因此在性選擇時，雄性會追求眾多機會，而雌性則是會謹慎挑選對象。或許配種的母馬在交配前會變得凶暴也只是一個過程，牠可以在此過程中瞭解雄馬有沒有即使受到攻擊仍繼續追求牠數小時的體力。

問題是，這可能會讓要價數億的種馬在交尾的過程中被母馬的後蹄踢死。這是身為馬主絕對不願遭遇的災難。於是便有了「始情馬」的出現，又名「負責愛撫的馬」。或許各位可以猜想到這匹馬所負責的角色。始情馬會對母馬展開攻勢，牠是雜種馬，負責逗弄並撫慰生氣地踢著後蹄掙脫的母馬，然後再讓母馬產生興奮的情緒。經過兩、三小時的嘗試，母馬已經感到興奮並準備

---

* 戴維．巴斯著，熊哲宏等譯，中國華東大學出版社。

好接受對方，此時便把始情馬拖出馬棚。若是始情馬不小心讓母馬懷孕的話會帶給馬主莫大的損失，因此事前都會先幫始情馬戴上避孕的道具。等待氣氛成熟時再由幾個壯丁把始情馬拖出來。始情馬好不容易讓母馬興奮，卻必須離開眼前的母馬，牠當然會感到憤怒了，由於不願被拖出去，牠會掙扎、叫喊，但這一切都是沒用的，人們還是會把牠死命拖出馬棚。

身為ＰＤ有機會參與新人演員的選秀會，也會擔任公開招募劇本的評審或新人ＰＤ公開招募的面試官。無論是演員、作家或是導演，所有志願生的生活都很辛苦。基本的競爭率似乎是幾百比一的機率。由於電視劇製作是花費數億鉅款的作業，因此劇本的選擇最重要。為了讓劇本能立刻開拍，大家會在製作會議時認真研討劇本的企劃案、人物介紹和台詞。在幾百本的劇本中，只有一、兩本劇本能被拍攝成電視劇播出。ＰＤ或主播的公開招募也是數百人之中取一人，其中當然也有許多人無法越過這道高牆而感到挫折。想在這個世界實現自己的夢想就是如此困難。

讓我再回到始情馬的話題吧。區分始情馬和種馬的因素為血統。若一出生就有優良血統便成為身價高貴的種馬，出身為雜種的話就會終生被當作始情馬。看起來雖然可憐，但始情馬可不是每匹馬都能當的。牠必須能承受母馬的攻擊，同時還要嘗試數小時的引誘，只有具備體力的馬才能成為一匹好的始情馬。若是一匹馬在交配前因為被人拖了幾次就對母馬表現出冷淡的態度，那這匹馬也不是一隻及格的始情馬。儘管牠從不曾成功交配，但每次機會來臨時牠都必須能充滿活力且興奮，這樣的馬才是真正的始情馬。

我想活得像始情馬一樣。我無法知道我嘗試的事情能否發展順利，但是只要有新的導演或執筆機會，我希望自己能像從未失敗過的導演一樣，像從未滯銷的作家一樣，以興奮的心情工作，這便是我的夢想。

我不知道我的人生會活得像種馬還是始情馬。但若是在夢想的那瞬間能享受悸動的心情，我這一生就再無所求了。

在圍棋當中，當一顆棋子處於一個生死未知的狀況時，就稱為「孤棋」。每個人都會有被逼到絕路的窮盡時刻。我相信，**在死之前，只要呼吸尚存就有機會**。一年賺數億的明星劇作家也曾有過參加劇本公開招募的新人作家時期；所有的演員和ＰＤ也是經歷過志願生時期的人。為了成功治孤**，首先必須撐下去。

**治孤，圍棋中成功處理孤棋的方法。

就算不夠好也要堅持不懈！

被截稿時間追著跑、規律地寫作，
文筆才會進步，沒了截稿時間，
緊張感也消失，
就不會有意願要認真寫作了。

從前從前，有一個漁夫住在海邊的村落。他以捕撈鱈魚來養活父母和維持生計。然而，某一天他開始抓不到鱈魚了。因為氣候的變化，鱈魚消失了，而青魚出現了。青魚的大小比鱈魚小，只要撒網，青魚就會從網眼逃出去。結果漁村的人必須重新編織一張網眼更加密集的新漁網。但是漁夫卻執著於他一直以來使用的舊漁網。

「因為我喜歡自己用慣的漁網。」

儘管他辛勤地撒漁網，卻還是抓不到任何魚。最後他陷入了養不起父母、連自己都飢腸轆轆的處境。他向老天控訴他的憤怒。

「為什麼老天爺要給如此努力生活的我這種考驗！」

認真地生活並不是什麼值得讚許的事，必須要識清時代的轉變才行。**世界正在改變，固執於舊有方式的人是無法在工作的世界中生存下來的。**「我本來就已經很忙了，你還叫我每天寫部落格？」這很辛苦，我知道，但是世界正在轉變。我全身的細胞都能感受到現在這瞬間就是媒體的劇變時期。現在是一個能製造自己的文創內容就有競爭力的時代。大眾媒體的時代過去了，社群媒體的時代已來臨。眾所周知的品牌獨占影響力的時代早已逝去。擁有內容的個人比起只有網路的媒體還更能發揮影響力，我們正在迎接這樣的時代。在這種時代，創造屬於自己的內容最有用的道具就是部落格。我認為，大家至少該瞭解YouTube或Podcast的基本製作方法，而部落格則非常簡單。因為部落格沒有技術上的困難，讓人可以集中精神在製作專屬個人原創性的內容。

電視劇PD是一份需要每天和有限的截稿時間角力的職業。一邊看著播出的電視劇一邊心想，「如果再給我多一點時間就能拍得更好的……」這樣的後悔並沒有意義，因為如何有效活用有限的時間資源正是導演的實力所在。

有時候我們會藉口不願妥協並放棄品質而推遲截稿時間。這當然是個卑鄙的藉口。這是領月薪的人絕對不能說的話。電視劇導演對我而言不是藝術，是職業。若是為了不讓作品的品質下降而害節目開天窗，就等於違背了與公司的約定，此外，和廣告贊助商的契約又會變成怎麼樣呢？當我還是新人導演的時期曾經固執地說：「因為準備得不夠，所以節目沒辦法播出。」當時我被前輩狠狠地教訓了一番。

「如果你想搞藝術就滾回家吧。你不是來公司領薪水做藝術的。我們能從公司領到薪水，是因為我們製作出能連結廣告銷售的商品，而不是製作藝術作品。」

我在經營部落格的同時每天練習截稿。既然部落格不是領錢做的工作，為何要被截稿時間追著跑？為了提高文章品質而少寫文章反而會造成品質的下降。被截稿時間追著跑、規律地寫作，文筆才會進步，沒了截稿時間，緊張感也消失，就不會有意願要認真寫作了。雖然部落格只是興趣，但是我在此大膽地奉勸大家，可以設定一個截稿模式來折磨自己。

二〇〇二年春天，《男生女生向前行》被名為金玫瑰電視節的國際廣播電視節選進決賽，這是第一個入選的亞洲地區情境劇。當時我造訪了舉辦電視節的瑞士蒙特勒，我在那裡遇見了從英國ＢＢＣ來的製作人。他問我《男生女生向前行》是什麼樣的電視劇，我告訴他，「這是一部日日情境劇（It's a daily sitcom.）。」結果他驚訝得瞪大了眼睛。什麼，每天播出情境劇嗎？國際廣播電視節邀請的大部分作品都是一週一集的節目，美劇也是一週一集，日劇同樣是每週播放一集。

「看來你的拍攝速度很快。你是怎麼做到一週拍五集的？祕訣是什麼？」

「我放棄得很快。」

這是事實。我能在這兩年六個月的期間拍出日日情境劇都是多虧了我不會執著於最好，而會迅速地妥協於次佳的條件。難道我就沒有野心嗎？執導的過程中會遇到對場地不滿意、對劇本不滿意、對演技不滿意、對天氣不滿意等，每次執導都會遇到數十種必須停止拍攝的原因。但是，**我必須在今天完成拍攝的理由只有一個：如果不拍完明天節目就開天窗了。**

我每天在部落格上傳新文章也會有同樣的煩惱。我不會認為，「這真的是我能寫出的最好的文章嗎？」即使如此我也不想等到寫出完美的文章為止。我相信，就算有些不足，只要每天持之以恆地上傳文章，每天來訪的人數就會增加，觀看的人數增加我才會開心，也才會寫文章，如此一來文章終究會進步。

打造常客會來的空間

部落格不僅僅是分享知識與情報，它必須是一個能分享談話的空間。我想要將自己的部落格打造成老闆可以直接與客人對話的常客來往的店家。

閱讀村上春樹的《關於跑步，我說的其實是……》*可以看出他在經營酒吧時期的店家經營哲學。比起十個散客，他認為培養出一個常客更重要，他說，要是店裡來了十個客人，就必須能打動其中一位，讓他變成常客才行。

這個哲學也能應用於部落格的經營。想透過搜尋來導入部落格流量就類似於在地段好的地方開咖啡廳吸引客人上門。但對於想尋求知識來訪的客人而言，如果給了他所需的知識，他就會頭也不回地走出店外了。除了部落格之外，還有許多可以獲得情報的地方，例如各個企業官網、搜尋入口網站、政府網站等。不過這種官方網站不像是由老闆坐鎮的店家，也沒有等待客人上門、親自歡迎客人的感覺。這比較像是工讀生站在店裡機械式地接受點菜的連鎖品牌咖啡廳。部落格不僅僅是分享知識與情報，它必須是一個能分享談話的空間。我想要將自己的部落格打造成老闆可以直接與客人對話的常客來往的店家。因為這正是部落格的魅力。

常客對於部落客而言相當珍貴。我不會知道讀了就走的幾百個訪客是誰，但是來留言和我互相打招呼的每一個常客都對我經營部落格有很大的幫助。因為我能從人們留的「我拜讀這篇文章了」的問候或仔細計算「按讚」的數字來瞭解大家喜歡怎樣的菜色，或是想品嘗怎樣的滋味。

培養部落格常客的祕訣是什麼?人氣Podcast《我是策略家》《媽媽的心情》的金勇敏ＰＤ在擔任廣播節目ＰＤ時為了體貼聽眾，他曾對ＤＪ提出這樣的要求。

「你們只要讀聽眾的來信就好，不需要無謂地加上個人意見。對方只希望獲得同感，只要唸

＊村上春樹著，賴明珠譯，時報出版。

出聽眾來信就能充分體現出同理心了。」

我在閱讀文章留言或留言板時，總是用心傾聽，盡可能不出意見或干涉。為了讓對方知道我有閱讀他的留言，我會留下「謝謝您」這類的簡短留言，重點在於我很努力地閱讀訪客的留言。

在我感到生活艱苦時，我也會去看我常去的部落格。如同造訪常去的酒吧一般，我會進入那個部落格閱讀新的文章，讀著讀著，人生又再度充滿活力，也獲得了靈感。常去的店家一一增加，熟客也跟著增加，這不就是享受部落格的方法嗎？

每當我寫部落格文章的題材沒了，我就會打開書本，因為書裡涵蓋著無數個故事。閱讀書籍也是一個很好的學習寫作的方式。比起純粹閱讀，先做好寫書評的決心再閱讀會讀得更加透澈。在此介紹我在《遺珠之憾的書，二〇一三》*（金智洙等人著）中投稿的書評。

就算活得像人很辛苦也別變成怪物——《種族滅絕》**

去年我讀了相當多的書，若要在這之中選一本推薦的話，我想選擇最有趣的一本書。我所選出的書是高野和明的《種族滅絕》。日本作家的特長是將全球規模的事件放在日本這個國家的舞台上，《種族滅絕》也是如此。

有一個日本學者過世了，他的兒子在整理父親遺物時讀到了一封可疑的信。學者的兒子是一個典型的「宅男」，萬一落入他手中的是能夠拯救

*未有中文版，原文書名為《아까운 책 二〇一三》。

**高野和明著，李彥樺譯，獨步文化出版。

人類的線索，他應該做出什麼行動呢？另一方面，地球另一邊的美國總統批准了和非洲內戰有關的某種軍事行動。雖然這是為了美國的國家利益所下的決定，但這樣的決定偶爾還是會演變成對其他民族的戰爭。此次作戰會不會是針對其他人種的種族滅絕呢？此外，還有另一個主角登場了，是一名為了拯救罹患絕症的兒子而豁出自己性命的父親。他自願擔任傭兵前往中非支援內戰，在那裡他目睹了虐殺人種的慘狀。日本理工系大學生的實驗室、美國白宮的戰爭指揮室，以及非洲內戰現場，人類的未來，就繫在身處不同地點的三名男子糾葛不清的命運之間。

作家高野和明從小就夢想當電影導演，據說他在小學六年級就開始製作獨立電影了。他在美國學習執導電影，隨後在日本的電視台製作現場擔任製作人，接著又以小說家身分出道。他擅長的是近乎逼真的故事發展，以及展現視覺快感的細微描寫，我想這或許是有賴於他以往長期拍攝影像的經歷也說不定。儘管二十一世紀是影像媒體的時代，但是故事敘說的基本仍是文字。這是一本比電影還更有趣的由電影導演出身作家所寫的小說，希望這本書能成為許多人享受閱讀樂趣的契機。

「種族滅絕」就是人種屠殺的意思。小

說封面上也出現這個問題：「為什麼只有人類會殺害自己的種族呢？」

舉例來說，假如敵人與自己在人種、語言、宗教或政府信念上有所不同，內心的距離就會較遠，殺起來也會比較容易。各民族之間的內心距離，即使在和平時期也是存在的。大多人認為自己所屬的民族優於其他民族，像這種人一遇到戰爭，馬上就會搖身一變，成為殺人魔。這種人絕非少數，大家仔細回想，多半都可以在生活周遭的熟人中找出一、兩個這樣的人。接著軍方高層只要再強調敵人都是道德淪喪的人渣敗類，殘忍的殺戮行為馬上就變成正義的聖戰。不分戰爭時期或和平時期，絕大多數人從小便受到這種洗腦教育的潛移默化。而這種洗腦教育的第一步，就是為敵人取「日本鬼子」、「越南豬」之類的蔑稱。

——《種族滅絕》，高野和明

高野和明的小說中描寫了一個韓國留學生的角色，他也提及日軍的南京大屠殺和關東大地震當時殺害朝鮮人的事件。這對屠殺當事者的日本立場而言應該是很不容易的話題，然而真的只有日本才有人種屠殺的歷史嗎？

韓國的歷史也有屠殺，分別是老斤里良民屠殺和越戰良民屠殺。這就像是同盟國的軍人屠殺駐屯軍的百姓一樣的事件，然而，曾是一九五〇年被害者的韓國在一九六六年變成了加害者。一九七三年結束越南駐軍回到韓國，帶著虐殺良民記憶的軍指揮部在七年後於光州發起了屠殺，殺害的對象是人種、宗教和語言都相同的同胞。當那些鎮壓軍提槍瞄準著和自己長相相同的人時，他們腦海裡浮現什麼想法呢？這些人可能是某人的兒子、某人的父親，也可能是某人的朋友，難道只要在他們身上扣一個「共產分子」的名號，殺人就變得容易了嗎？

閱讀《種族滅絕》時讓我可以暫時遺忘辛苦的現實，我開始一點一滴理解那個我原本無法理解的世界。然後，我開始提醒自己不要輕易替別人貼上標籤。把這本好書介紹給我的人是評論家金奉錫。透過他寫的書《我冷酷無情的力量》*我發掘了許多有趣的小說，閱讀大量的小說讓我學到了從苦難中堅持的方法。

「冷酷無情」是屬於生存者的敘事，不，正確來說是屬於必須生存者的敘事。就

*暫無中文版，原文書名為《하드보일드는 나의 힘》。

算無法給予什麼，就算迷路徘徊也有樂趣存在。因為人仍保有著一絲懇切的希望，希望在這無盡迷宮的某個角落終有出口。這正是冷酷無情的悲劇性世界觀。雖然無法得知，雖然難以置信，但現在這瞬間我必須做我能做到的事。我認為冷酷無情是人類的風格和態度。這是作家和一個角色對待世界的態度和生存的方式，也是在對抗世界的暴力時能夠存活下來的一種方法。

——《我冷酷無情的力量》，金奉錫著

在冷酷無情的世界上有希望存在嗎？瞭解這條路的盡頭有無希望的方法就是先試著存活下來。有些人會為了存活下來而選擇變成禽獸，但是，對我們而言，最好的方法是以人類的姿態生存。

「就算活得像人很辛苦也至少別變成怪物。」

Part

05

累積每天的紀錄，造就平凡的人生

不是因為生活特別才紀錄，

而是因為每天紀錄才讓生活變得特別。

世界很大，讀者很多

所有部落格都是
某個想向前前進的人的人生，
同時也是某人的夢想。

為什麼電視劇ＰＤ會著迷於部落格呢？原因是出自於超越時代的文字力量。要是未來女兒們在茫茫的網路大海中偶然發現我的部落格，我那些陳年的文字若能帶給她們安慰就好了。若她們能看著藏在部落格各處她們小時候的照片、以及和自己相關的瑣碎平淡且毫無特別之處的日常文章，透過這些文字能感受到爸爸對她們的愛就好了……**超越時空的訊息的力量，這正是我經營部**

落格的理由。

瓶中信

部落格就是瓶中信。就好比寄給十年後的我一封二十歲寫的信。經過了十年的歲月，「啊，二十歲的我原來在煩惱這種事情啊。不過現在已經成長許多了。」若能像這樣勉勵自己就是八十分；「欸，當時真的很努力生活呢。多虧於此，我現在才能享受這麼多好處。」有這種感想就是九十分；「過去十年的努力生活才讓現在順利，未來我也要努力生活才行！」若感想是這樣就是一百分了吧？最後，部落格變成了我寄給未來自己的約定信件。

我的過去：我的人生

我看了洪常秀（又譯洪尚秀）導演的電影《懂得又如何》，劇中的女演員問了導演一個問題。

「導演為什麼要把自己的人生故事拍成電影？」

「我根本不清楚別人的人生故事，難道我要拍那樣的電影嗎？」

不只有電影，部落格也要寫自己最熟悉的事，寫出自己的人生故事才是正確方式。

「我的人生有什麼了不起的？有必要在部落格長篇大論地寫出來嗎？」如果你有這種疑問，那就讓我反問一句。

「只有了不起的人生才有記錄的價值嗎？」

談到大屠殺，最先聯想到的名詞其中一個是《安妃日記》*。安妮變出名是因為二十世紀最慘烈的悲劇——大屠殺嗎？在大屠殺中死亡的人數有幾十萬人，其中的每個人都是悲劇人生的主角，但是在我們記憶中留下最深刻印象的是名為安妮．法蘭克的少女。躲在閣樓的每個日子有那麼多事情可以寫嗎？昨天和今天一樣，今天就等於明天，在每個相同的日常生活中安妮仍然每天寫日記。特別的不是安妮的日常，而是她持續撰寫的紀錄。被悲慘現實圍繞的平凡少女的日記，她的生活紀錄製造出的感動卻不平凡。**有時候紀錄的力量是可以壓倒現實的**。

部落格也是一樣。我苦惱著要如何才能把我平凡的生活寫得更加有趣，一邊煩惱一邊寫了又改，改了又寫，這正是訓練寫作的方法。有些人認為，在生活過得更好之前不需要特別記錄自己的生活。不過這就跟在想出絕妙素材前無法寫劇本的劇作家一模一樣。以這種心態是很難完成劇本的。因為所有不凡的故事的出發點都源於平凡的素材。

所謂的劇本是在百分之九十五的平凡故事之上添加百分之五的新鮮要素，如此才能打動大眾的心。主角或故事太過非凡就不有趣了，因為缺乏現實感會造成投入劇情的困難，最好是每個人都可能經歷過的故事，這樣才能夠投入。部落格當然也一樣。平凡的日常生活紀錄更加有趣，因為這讓人能輕易地感同身受。所以，我不夢想非凡的人生，我夢想的是平凡的紀錄。**若是每天都不遺漏地記錄人生，這就不再是一份平凡的紀錄了**。如果把一個人七十年的人生都記錄下來，那不就等於是時代的紀錄嗎？讓我的人生成為歷史的方法，就在於部落格。

我的現在：我的工作

以前在網路的搜尋引擎打「金敏植ＰＤ」的話會出現這樣的搜尋結果，「金敏植ＰＤ為什麼那麼不會導演？」「金敏植ＰＤ和〇〇〇之中誰的導演功力比較差？」啊，這些汙衊真是幼稚！即使如此我也無法告他們毀損名譽，為了對付這些汙衊，我在部落格上傳了許多文章。只要我每天都認真地上傳一篇文章，不久之後網路搜尋結果就會跳出我所上傳的文章，而那些汙衊就會被

＊安妮．法蘭克著，呂玉嬋譯，皇冠出版。
《安妮日記》漫畫版，呂玉嬋／葉懿慧譯，愛米粒出版。

擠掉了。值得慶幸的是，很少人會一字不漏地流覽搜尋結果超過二～三頁。

我在部落格認真上傳的文章有相當多的部分是關於我的工作。我的部落格就像是「我的工作展示館」。我正在從事的工作、我以前做過的工作，以及我想做的工作都在部落格上公開分享。十年前，藝術家會在一本大大的剪貼本貼上自己的作品或設計的圖案，並隨身帶著沉重的個人檔案夾到處向世界展示自己的作品。最近已經不那麼做了。無論是畫家、設計師或媒體藝術家，只要讓人知道自己的部落格網址即可。出版社要找圖畫作家或設計師時也會利用網路搜尋看這些資料。現在是一個找工作的人和找員工的人皆能透過搜尋方式認識彼此的世界。換句話說，「如果想知道我的工作經歷，就問Google吧」。

我在演員選角之前也會在網路上搜尋該演員的名字。看了演員個人檔案中的作品與相關新聞就能大致瞭解這位演員之前的經歷，當然也能知道他的近況。同樣的，接到選角邀請的演員也會先搜尋我的相關背景吧。為了讓演員將我視為非一起工作不可的ＰＤ，我在部落格上積極地分享了我的工作方式、價值觀、對作品的熱愛等。如果我在事前搜尋階段就被拒絕，或許世界也會背棄我也說不定。

或許有人很好奇你是個怎麼樣的人，遇到這種情形時，就讓他看看你現在正在做的工作吧。

然後再張貼關於自己喜歡的事物，以及未來想做的事情等展現熱情的文章。往後我將做的工作，就在我過去做的事和現在做的事之間，意即**我會在現在與未來接續的中間點中找到以後將做的事**。只要看某人的部落格就能看到他的人生。而我的部落格也是展現我人生的一道窗口。或許即將給我機會的人正在遠方朝著我的部落格前來，希望到時候我絕對不會錯過這個機會。

我的未來：我的夢

我小時候的夢想是作家。但是在高中一年級時我放棄了那個夢想，走上理科生的道路。因為我領悟到我沒有寫作的才華。你問我是如何知道我有沒有才華的？跟有才華的人相比之下就能確實地瞭解了。從這一點來看，我還真是不走運，那是因為我在高中一年級的時候遇到了真的很有才華的朋友。

我就讀的高中每年都會舉辦規模相當盛大的詩畫展。那是一個附近女子高中生也經常來參觀的活動。平常對於寫作很自豪的我在眾多習作中挑選一首自信之作交了出去。不過在那次詩畫展當中有一首詩吸引了所有人的目光，那是一首任誰看了都會無法止住讚嘆的十分出色的詩。當時只有高中一年級的我看了他的詩領悟了。

「啊，那種人才是真正的天生才子啊。」

那天之後我放棄了成為作家的夢想。那個朋友就是小說家朴玟奎。他的文采從小就很出眾，在校內名聲廣為流傳，朴玟奎追尋他的才華進了文藝創作系就讀，而放棄作家之夢的我則是考進理工科系。

受到朴玟奎衝擊（？）而放棄作家夢想的我曾以業務員、口譯師和PD維生，我再次重啟寫作則多虧了部落格。小時候的我認為「作家」是能出版書籍的受到選擇的少數人。幾年前能出書籍這類平面媒體的人仍是少數，只有在報紙或書中才能一窺文壇上作家的文字。然而，世界在某個瞬間開始轉變了，我們變得能從網路更頻繁地接觸到曾是傳統文字媒體的新聞報紙。還不僅如此呢，透過YES24部落格可以看到作家黃晳暎的新作品，我們也能在阿拉丁部落格上看到作家裵明勳的新作品，可以閱讀小說的媒體已脫離了紙本。

在新聞與小說乘載於網路上的社群媒體時代，誰都可以透過部落格寫作，也能在部落格上與大眾分享文章。我是為了和大眾交流而開始經營部落格的。另外，由於我每天固定上傳一篇文章，對我的部落格有興趣的出版社便向我提出了邀約，我透過部落格實現了作家的夢想。

我想告訴大家，**懷抱夢想的人們可以在部落格寫出自己的夢**。所有部落格都是某個想向前前進的人的人生，同時也是某人的夢想。夢想不見得一定要很宏大。展現長久以來自己煮飯所磨練出的料理實力也是一個很棒的部落格主題。分享自己喜歡的明星之魅力給大家也是一個活用部落格的好方法。如果是喜歡書本的人，可以用心經營書評部落格，並藉此挑戰專門的文學評論家領域。小時候曾夢想當流浪旅人的人可以透過部落格介紹每個週末旅行的記事，如此也有機會變成旅遊作家。夢想成為正義勇士的人可以一邊經營政治時事部落格，一邊期盼世界變得更加美好。Kakao公司經營一個名為「Brunch」的部落格平台，Kakao也會進行以Brunch作家為對象的出書計畫。這個計畫能讓喜歡寫作的人出版書籍。以出版社的立場來看，這也提供了一個場所，讓他們能認識更多元的作家。

或許平凡人經營的部落格之所以有趣，是因為觀看他人的夢想很有趣也說不定。即使我們不是被選中的少數專家也能訴說自己的故事，這是部落格帶給我們的最佳禮物。只要有意願，人人都能實現作家的夢想。世界很大，讀者很多。只憑意願，方法是一定會有的！

熱切地尋找戀愛對象吧

若是真的熱愛某件事，
能輕鬆地表現出
那份熱愛的最佳道具就是部落格。

寫文章時最簡單的方法就是依照「六何法」來寫，即何人、何時、何地、何事、如何和為何。六何法當中最重要的就是「為何，why」。出版《你背過一本英文書嗎？》之後，我經常到各地演講有關英文學習的內容。人們在學英文時，常問要學習何種教材（what）和如何學習（how），然而事實上最重要的問題是為何要學英文（why）。沒有學習原因的人是很難學好的。

我曾經和一個在大峙洞任職教育諮詢的人見面。分辨書讀得好的孩子和讀得不好的孩子的方法意外地簡單。首先，對於自己的學習方式和指導老師懷有疑問的孩子很難專注學習。這種孩子腦海裡總是不斷計算著一些問題，像是：「這個老師真的教得好嗎？」「聽了這堂課成績就會變好嗎？」「去圖書館自己念書會不會比較好？還是要在這段時間去上家教呢？」相較於此，書讀得好的孩子反而很單純。他們就是相信著自己現在的學習方式然後持續進行。關於學習，直接實行比方法來得更重要。

學習英文的時候也一樣，與其一再煩惱該讀什麼教材、用什麼方式讀，不如直接開始讀。只要一直背英文句子直到英文朗朗上口就行了。「為何而做」比「做什麼」或「怎麼做」還要重要。對比英文早期教育的費用來說，呈現出的效果很低，我之所以如此認為的理由就在這裡。讓尚未理解學習英文必要性的兒童去上英文補習班，並不會讓他們英文變好。因為他們不懂為什麼要使用英文。

寫文章也一樣。比起該以什麼題材來寫出怎樣的文章，更重要的是寫文章的理由。必須有寫文章的理由才能寫作。

我們為什麼要寫文章？書評家今正延說，我們寫文章是為了獲得人心。

文學一開始就是爲了吸引女性才誕生的。（至少近代文學是如此。近代文學的終結是因爲小說已經無法像音樂或其他藝術吸引女性了，將此現象表現得高尚一點即爲「近代文學的終結」。）

——《書書飛行》*，今正延著

以前有一個我真的很喜歡的學妹。她是一個很漂亮的女孩，因為我很感謝她和我交往，所以我想送她禮物。但是身為小氣鬼的我沒辦法買高貴的禮物，一直糾結於該怎麼做，某一天我送了她一本筆記本。我買了一本空白筆記本，在裡面寫下給學妹的情詩。詩的內容就是喜歡她的理由、等待著她、愛她的理由等，現在回想起來都會害羞到想死的那種情詩。

每次跟她約會我都會提早三十分鐘到，我會在等待的同時寫一篇詩。等她一來我就把那篇詩給她看，如此反覆著……「我要為了妳用情詩寫滿整本筆記本！」我原本打算這麼做的，結果我卻無法寫完。是的，在寫完一本筆記本之前，學妹就接受了我的求婚。結婚之後我就再也寫不出詩了。

妻子為什麼會跟我結婚呢？與其說是讀了詩受到感動，不如說是太過肉麻，看到我持續做如此瘋狂的事，她產生了或許是喜歡我的想法，又覺得很可貴才會跟我結婚吧。然而，若是要顧慮閱讀的人的心情，我想我一定寫不出情詩。我在寫詩時只想到自己的心情。我只想到，我非常想說出「喜歡妳」的話，卻因為不知該如何表現而煩惱至極的心情。

關於寫作，電影導演伍迪・艾倫曾如此說道：

「寫文學性質的文章時自己本身也一定要樂在其中才行，因為我們無法得知讀者的反應。（……）至於舞台劇或電影，在現場可以實際聽到觀眾們的笑聲，這種反應比較真實，此外我也會一直遇到看過我的作品的人。製作電影比寫作還要來得更加無趣。」

我最近也是如此，喜歡部落格寫作勝於擔任電視劇導演。拍攝電視劇時會有壓力，我擔心收視率低會給製作團隊帶來麻煩、萬一廣告不賣會造成公司的損失、要是使用的製作經費超支會不會害製作公司倒閉等。

＊暫無中文版，原文書名爲《서서비행》。

但是在寫部落格時可以完全專注於自己的慾望。若是真的熱愛某件事，能輕鬆地表現出那份熱愛的最佳道具就是部落格。諸如造訪美食餐廳的日常生活、在書中讀到感動段落的瞬間，這些點滴都能成為珍貴的題材。就以寫情詩獻給素未謀面的戀人的心情來寫作。如果想要規律地享受部落格的樂趣，最先要做的是**找出自己熱愛的事物**。這是因為，挖掘新故事的首要祕訣就是徹底地熱愛某件事物。

總之，先寫再說

雖然才能很重要，
但是先試著嘗試更加重要。
如果不將才能表現出來，
才能就只會是腦海中的眾多妄想之一而已。

身為一個電視劇PD，我相信有所謂「宇宙的能量」。明明不是抄襲卻有許多彷彿是抄襲的相似故事。電影《世界末日》和《彗星撞地球》的上映時機很相近，這讓我感到好奇，「為什麼好萊塢的製作人會同時選中彗星撞地球的素材呢？」或許有一股「宇宙的能量」讓創作者們同時產生相同的靈感吧。

有一部網路漫畫叫做《柔美的細胞小將》。在我們的身體裡有許多負責各自角色的細胞們（有愛情細胞、說謊細胞、女演員細胞、嘴饞細胞等），不同的細胞掌握主導權會帶來不同的心情或選擇。

是不是有點似曾相似？沒錯，這令人聯想到迪士尼電影《腦筋急轉彎》裡的角色設定。所有人的腦袋裡都有調整快樂、悲傷、憤怒、討厭跟恐懼等五種感情的要素，誰掌握操縱桿會造成心情的不同。或許有人會誤會這是抄襲，但是網路漫畫是從二〇一五年四月一日開始連載的，電影《腦筋急轉彎》則是二〇一五年六月十九日在美國上映的作品，這部電影在韓國最初上映的時間是七月九日。只要考量到電影必須早在漫畫連載前完成企劃案、構思故事和設計角色等作業，就能得知該電影的創作企劃案比連載漫畫還要早許多。

萬一漫畫連載稍微晚一點會變成怎樣呢？或許我們永遠都看不到這麼有趣的漫畫了。要是構思漫畫的作家看了電影《腦筋急轉彎》肯定陷入崩潰狀態。「為什麼和我漫畫有著相同點子的電影會先上映？世界上竟然有這麼瞠目結舌的巧合！」漫畫作家應該會吞下自己的血淚放棄這部作品吧。就算他再怎麼主張自己的清白，持續連載仍會受到抄襲說的折磨，而這也一定會扼殺作家的士氣和創作熱情。就因為早推出這幾個月，我們才能欣賞到如此優秀的網路漫畫。

我認識的電視劇作家或演員之中有許多人會在偶然情況下發現自己的才能。有一個作家就讀中學時家境不好，所以家裡沒有洗衣機，他偶然得知了一個廣播節目會贈送洗衣機給投稿的聽眾。於是他寫了一篇有趣的稿件送到該節目，沒想到他一下就獲選。自此之後他為了獲得獎品持續地投稿，但後來就經常落選了。他說，當時為了獲選反覆苦思要怎麼寫稿件，也為了寫得有趣一些而改編，因為不能持續用相同的名字投稿，他還向社區的大嬸們借她們的故事和名字投稿。若是中選就把獎品分享給大家。這自然而然成為了電視劇寫作法的訓練。因為電視劇作家就是搜集有趣的情節，把這些情節寫成故事的人。

雖然才能很重要，但是先試著嘗試更加重要。如果不將才能表現出來，才能就只會是腦海中的眾多妄想之一而已。《柔美的細胞小將》能變成一個有趣的網路漫畫之決定性原因，就是因為作家開始進行連載。像這樣，世界萬事始於「先嘗試看看」。

如果有心儀的人，就要先問他是否有時間約會；有了想看的書，要先拿到手翻開第一頁才行；有想寫的故事，要先影印出企劃草案給周遭的人看過才行。若有一個想法一直縈繞在腦海裡，那就先寫在部落格上吧。而這是否能成為暢銷書的草稿，或是人生的新契機都是沒有人能預料的事。

答案就在當下！

即使是平凡的對話，
我也會細細品味、用心記錄，
再賦予我個人認知的意義，
就成了一篇想與大家分享的故事。

答案不在任何地方（Answer is nowhere.）

答案就在當下！（Answer is now, here!）

在某些字上加一個點就成了另一個字，道理相似，在nowhere之間點上一個逗號就變成了「now, here!」拿忙碌和地點不合適當藉口的人永遠不會找到適合自己的時間和地點。必須做到只要下定決心，就能隨時隨地實踐才行。我的專長是閱讀，讀書不需要另外尋找時間和空間。隨時隨地，只要有一點空閒我就能閱讀。在洗手間裡沒東西可讀時，我甚至會閱讀免治馬桶的使用方法。學習外語也是一樣，我相信**隨時隨地都能自己進行的學習才是真正的學習**。要是真的沒時間，也可以在洗手間解放時輕聲背誦句子。要等到條件都滿足時才能開始學習的話，只要條件有些誤差就會立刻放棄學習的。無論是什麼，要做就要即時當下實行。

部落格寫作也是一樣。當我走在路上突然產生靈感時，我會立刻拿出手機記備忘錄；當我閱讀讀到有趣的段落，我會用手機拍照保存；跟主題有關的資料當然也是先用手機搜尋，然後再儲存螢幕截圖。有時候我也會用攜帶式藍牙鍵盤連接手機來寫作。

下班後我會把零碎時間寫的備忘錄用電子郵件傳給自己，再補充一些文字寫成一篇文章。如果覺得用手機記事不方便，也可以用手冊或便條紙記錄。每到週末我就會以平常記下的備忘錄為基礎寫一、兩篇文章。忙碌到沒時間寫文章的日子，我就會上傳這些事先寫好的文章。這種時候只要把儲存的文章更改為公開狀態即可。

大女兒敏智有時候會對我發牢騷。

「爸爸為什麼每次搭計程車都要跟司機聊天？」

如同我在書中見識到的各種有趣故事，每位計程車司機對我而言就像是一本書。他們的談話中含有非常多樣的話題。只要遇到喜歡跟客人聊天的計程車司機，我就會傾聽他所說的各式各樣生活智慧。

有一次我搭計程車，司機的日文講得非常好。我為了在女兒們面前耍帥，趕緊用日文回應他，沒想到讓司機嚇了一跳。司機大哥說自己是在日本殖民時期在學校學的日文。他還說自己今年八十六歲。我很驚訝，看上去根本不像是那個年紀是我驚訝的第一個原因，而他已屆高齡仍繼續工作也令人訝異。

「以前我們在學校只能用日文。大家的名字也全是日本姓名。我已經沒有國民學校時期的朋友了。因為在學校都是用日文名字稱呼彼此的，像是山田或鐵夫這類名字。後來韓國光復沒多久又爆發戰爭了。戰爭結束後我回鄉想找當時的朋友，結果因為我不知道他們的韓文名字沒能找到人。」

「那麼司機大哥出社會後認識的朋友呢？」

「那些朋友都死了。剩下唯一一個朋友不久前也走了。上了這個年紀，即使想玩也沒有朋友陪我一起玩……沒辦法，我只好繼續工作了。」

我詢問了司機大哥八十六歲仍能工作的健康管理祕訣。

「我不喝酒、抽菸，我沒碰過那些對身體有害的東西。而且我也不生氣。沒有壓力的生活是最重要的。」

我接著問：「開計程車的工作有時候會遇見奇怪的客人吧？」他像是等著我問這個問題的模樣說道。

「幾天前的晚上，我載了一個四十歲左右的醉客。但是都快到家了這個客人還是沒醒來。我把他搖醒，醒了之後他突然對我破口大罵，怪我為什麼把他吵醒。於是我對他說：『哎呀，看上去這麼斯文的客人怎麼這樣呢。』通常我這樣一說，大部分的人都會難為情地走掉。那個醉客也是。萬一我對他說：『你幾歲的人了？』他一定會對我發火，又罵髒話吧？那樣絕對只有我吃虧。要是被年紀比我小的客人罵髒話，我的心情怎麼可能會好呢？所以我通常都不生氣的。在我看來這才是最好的長壽祕訣。」

最重要的投資是什麼？是股票投資？出租不動產？都不是，**最好的投資是健康管理**。因為老年生活最重要的資產就是健康。若是生病不僅要花費醫藥費和看護費，除此之外也會失去增加所得的機會。讓自己的身體維持在能夠長年工作的狀態是最棒的老年對策。因此，從現在開始要少生氣一些了。

對於我這種每天上傳部落格的人來說，和偶然相遇的計程車司機的對話也能成為不錯的寫作素材。我並不是過著特別的日子才寫文章的。即使是平凡的對話，我也會細細品味、用心記錄，再賦予我個人認知的意義，就成了一篇想與大家分享的故事。我的日常就是部落格的素材。**在日常生活中尋找寫作素材時，最重要的是細節**。如果我聽到計程車司機說了印象深刻的故事，下車後就立刻記在手機裡。智慧型手機是最棒的取材道具兼記者手冊。看到美味的食物我也會立刻拍下照片，看到美麗的風景也是。我在走首爾健行路線時會將山裡的標示板拍下來。冠岳山區木牌上標示的資訊，例如：距離舍堂站三十分鐘、距離落星垈站十五分鐘等資訊，隔天在寫部落格文章時就成了重要的資料。如果是在和他人談話間聽到有趣的話題，或看電影時想到什麼感想，我都會簡短地記下備忘錄。一早清晨起床把前一天寫的快樂回憶拿出來重新回味，參考著記錄的文字或照片，再添加細節描述，如此一來我就能用每天的日常生活豐富自己的部落格了。

不是因爲生活特別才記錄，而是因爲每天記錄才讓生活變得特別。我如此地相信著，今天又是充滿幹勁的一天。

盡情寫自己想寫的題材

> 剛開始寫作
> 不需要看其他人的臉色，
> 按照自己的心意敲打鍵盤，
> 寫作才會開心。

對我而言，寫作是極為個人的興趣。在部落格寫作時，我會隨心所欲盡情地寫自己想寫的內容。剛開始寫作不需要看其他人的臉色，按照自己的心意敲打鍵盤，寫作才會開心。寫下滿足自己慾望的文章，以非公開的模式儲存，就只是為了給自己看而儲存的文章。

把非公開文章改成公開模式前要經過數次的修改。寫作時文章的歸屬為作者，而閱讀時文章的歸屬則是讀者。閱讀一篇文章時，每個人都會以自己的方式解讀。這就是文章的宿命。因此在公開文章前我會站在讀者的立場一直細看文章。會不會有人讀了文章而感到不悅？有沒有哪個部分會造成無謂的誤會？像這樣以讀者的立場潤飾和修改文章。如果讀者被我無心寫下的段落傷到，等到我看到讀者的反應才驚覺：「咦？我在寫作時並沒有那個意思啊？」此時就為時已晚了。**寫公開文章時，必須要對自己寫的文章負起責任才行。**

以前我擔任ＰＤ公開徵選的書面審查委員時常因為讀到類似的文章而感到混亂，我完全看不出作者是一個怎樣的人。寫自我介紹的時候也需要類似的原則。優先任務是說出自己的故事。若是寫自我介紹的人過度意識審查委員的眼光，文章就失去興味了。即使寫出自認為模範答案的文章，閱讀時也無法令人感受到作者的個性。「我可是個很酷的人喔！」像這樣大大方方展現自己的人才會突出。喪氣地只觀察審查委員臉色的人所寫的文章不太容易引人注意。因為審查委員讀了太多類似的文章，而這種人寫的文章差異也不大才會如此。

無論是自我介紹、公司業務上的資料、商務信件等，只要在意讀者的眼光就會喪失寫作的精華。這會讓原本想呈現的意圖變得不明確。不管是什麼文章，書寫時要先放入筆者的立場，在修改的過程中再顧慮讀者（審查委員、公司上司）。簡而言之，就是「草稿是為自己寫，修改是為讀者改」的道理。

或許這也是度過人生的方法吧？隨時隨地都要把自己的快樂放在第一位。獨自做自己感興趣的事情時只要想到自己。當你要把自己在房裡從事的興趣成果分享給世界之前先思考一下，省思自己的樂趣會不會造成他人困擾，也要想想看別人會如何看待自己。然而，打從一開始就思考這些因素就失去樂趣了。不論是文章還是人生，萬事皆如此。

閱讀一本書或許會花費一、兩天的時間，但是我寫一篇文章上傳到部落格卻要花一個月。曾經有人留言問我，為什麼我寫文章需要耗費這麼久的時間。最初我只覺得：「嗯？這很奇怪嗎？」後來重新思考便領悟到：「啊，或許是很奇怪吧。」自此之後我開始思索為什麼我會花這麼多時間寫文章。

第一，因為這不是職業。

如果我是記者或全職作家，每天有固定的截稿時間的話，我就無法長時間琢磨文字了。以興趣經營的部落格不需要寫得急忙。我所寫的文字完全是出自於自己想寫才寫。如果可以，我會盡可能讓自己有寬裕的時間，不匆忙寫作。我在筆記本裡寫了幾十個點子，在部落格的非公開目錄裡也儲存了數篇文章。只要有空我就會把那些點子寫成文章，而寫好的文章則會修改好幾次。每天早上起床，我就從中選取完成度最高的文章，最後再推敲一遍後分享為公開文章。有好幾篇像這樣的備用文章才不會受到每天早上的截稿時間折磨。感到從容才能享受，能夠享受才會持久寫作。

第二，因為我想做好。

英文、執導和寫作都一樣，想做好任何事的方法就是投入更多的時間。想把文章寫好卻事與願違時，解決方法就是先寫好，再經過多次的修改琢磨。所以我也會先將文章存為非公開模式，一有空就修改。我會花費長時間修改直到滿意為止，所以有時候修改時間會花上一個月。

第三，因為我不想帶給人意料之外的傷害。

隨心所欲寫自己想寫的文章有時候可能會對某人造成意料之外的傷害。有時候我看見某件令人憤怒的事也會寫文章。不過，我會等到氣消後過了好一段時間才公開文章。過了一陣子，恢復冷靜後再來看自己寫的文章，也會有一些文章可能過於敏感而不能上傳，這也可能被某些人拿來當藉口攻擊我所相信的價值觀，在公開場合寫作的人必須再三小心才是。正因如此，我在寫完文章後，會花一個月的時間在那篇文章上。

第四，因為我想選出更好的文章。

有時候我會一天想到好幾個文章題材。通常我會先全部記錄下來，等到閒暇時再寫成文章並修飾。很多時候想像中很有趣的題材實際上寫起來卻不太順暢，先把點子記下來再持續過濾，之所以有這一段過程是因為我想在幾篇非公開的文章中選出最好的文章上傳。

我決定退休後要成為全職作家。文筆不好的人若打算成為作家應該做些什麼好呢？當然是要定期練習寫作嘍，所以我每天都在煩惱要如何讓寫作變得更加有趣，寫一篇文章要花費一個月或許就是這個煩惱造成的結果也說不定。

英文學習和寫作一樣，不花時間就想做好是不可能的。首先，必須有想做得更好的那份迫切心情。再者，要每天定期實行。所以我今天仍然在寫將在一個月後公開的文章。雖然其中也有很多文章因為無法發光發熱而消失，即使如此還是先寫再說。文筆不好的人想要每天上傳文章的解決方法也只有這一個了。

像紀錄片的主角一樣

> 所謂的「不可能的事」，
> 只是至今為止沒人嘗試過的事情而已。
> 無理的挑戰反而有趣。

只要我呼籲大家在部落格分享自己的生活，大部分的人就會像這樣說道：

「唉唷，我又沒有什麼拿手的事，我怎麼敢分享自己的故事？」

無論如何，「我」就是自己人生的主角。請試著想像自己就是紀錄片的主角吧。要成為主角應該要怎麼做呢？

一九八〇年代，某一位女學生參加了ＭＢＣ的電視台ＰＤ公開徵選。她周遭的朋友對她說：

「喂，ＭＢＣ才不選女生當電視台ＰＤ呢。」

她交出申請表後參加面試，面試官問了：「妳結婚之後還有繼續工作的意願嗎？」或許一九八〇年代的社會就是那種氛圍吧。然後那位女學生如此反問：

「人類分為私領域的自我和公領域的自我，我認為兩者都應該實現才行。結婚是為了私領域的自我實現而做的，但是為什麼我就必須因此放棄公領域的自我實現呢？」

這是ＭＢＣ公開徵選選出的第一個女性電視台ＰＤ，也是製作《人間紀錄片，愛》的尹美賢ＰＤ的故事。路是由「領頭企鵝」走出來的。因為不知道水裡有沒有天敵，所有企鵝都在水岸邊躊躇時，最先縱身跳入海裡抓魚的就是「領頭企鵝」。

所謂的「不可能的事」，只是至今為止沒人嘗試過的事情而已。無理的挑戰反而有趣。要挑戰莫名其妙的事情時肯定有一個理由。以我為例，我是因為喜歡那件事才去做。只要是我想做的事情，無論旁人如何置喙我都會做。畢竟**這是我的人生，其他人不可能代替我生活**，不是嗎？

尹美賢前輩進入公司的隔一年ＭＢＣ每年都會選女性ＰＤ。最近男女的性別比例甚至開始逆轉了。這全是因為最初入社的尹美賢ＰＤ工作傑出的關係。領頭企鵝很能幹，既有執行力也有勇氣，更重要的是領頭企鵝是標準很高的人。他不會在意別人制定的社會基準，他會一直推動事情，直到自己心滿意足為止，所以他當然能把事情做好嘍。

據說，尹美賢ＰＤ在製作人間紀錄片時有自己選擇主角的一套標準。

1・有沒有危機結構？
2・主角的個性有魅力嗎？
3・有沒有敵手或厲害的反對者？
4・有沒有屬於我自己的新觀點？
5・這個故事是現在進行式嗎？

我相信任何書都會成為我生命中的血肉。教養節目ＰＤ寫的書對於電視劇ＰＤ而言也是很好的學習素材。在選擇電視劇劇本時，我會回想這五個標準。將劇本代入這五個問題就能看出電視劇的方向了。

我在部落格寫自己的故事時也會拋出五個問題：我面臨的危機是什麼，我面對危機的態度為何？我在部落格上呈現的角色是否具有魅力？阻礙我夢想的要素是什麼，為了克服障礙物我所付出的努力又是什麼？我上傳的文章裡有沒有屬於自己的觀點？我每天都會上傳文章的部落格是現在進行式嗎？以上五個問題的變奏曲正是將我打造成人間紀錄片主角的重點。

我在選擇主角時會選我熱愛的人。熱愛主角並不代表我會盲目地只刻劃他好的那一面。這表示我連他的缺點也能夠理解。此外，這也表示我期待和主角一起拍攝影片的期間會很快樂。選擇主角不是爲了盡到製作節目的義務而一起工作一個月或一年，我必須選擇能夠共同分享那段時光和一起共事一年的人。

——《創作者的提問法》*，尹美賢著

我能夠理解他的缺點，並且終身熱愛的人是誰呢？正是我自己。「我是以我人生為題的紀錄片之主角。我要珍惜自己、熱愛自己。」這不就是部落客最恰如本分的人生姿態嗎？我在部落格

* 暫無中文版，原文書名爲《크리에이터의 질문법》。

上分享的人生故事的主角就是我自己。**爲了成爲紀錄片的主角，每一天我都要活得更努力、更快樂。**並不是因為人生過得很酷才記錄，過著想留下紀錄的日常生活，每天愉快地度過才會成為酷炫的人生。我今天也持續為自己加油。

把寫作當成遊戲

世界上有許多不同的人生，
也有各式各樣的文章。
而我寫的是出於我的慾望的文章。

早上坐在電腦前，總是會稍微煩惱：「今天要寫什麼？」然後寫出那個瞬間我最想寫的文章。如果覺得平時很難寫作，或許是因為以前接觸的寫作不是考試就是工作。受人指使之下做的事情是不會有趣的。再加上還要接受評價就更有壓力了。部落格沒有那種壓力，可以用輕鬆的心情愉快地開始嘗試寫作。寫自己想寫的文章並不痛苦。**無論任何事，想要做得好就要讓做那件事**

的過程愉快開心才行。

我看了電影《屍速列車》，真的非常有趣。每當我看到有趣的事就會想和人說那件事。所以我很想把如此有趣的電影介紹給更多的人。除此之外，我想把我看完電影的感受分享給其他人。因為有「想寫」的心情我才開始寫作。雖然我想寫《屍速列車》的影評，一旦真要下筆，卻發現各大媒體充斥著《屍速列車》的話題。要說其他人已經說過的話題讓我失去了自信。因為我沒有自信能寫得比其他人好。「我看完電影後感受到的心情其他人也都感受到了，也分享過了。」像這樣，一旦產生了畏懼感就很難開始寫作了。這種事情不是一、兩次了。每當這種時候我就會以我自身的經驗作為文章起始。

我的想法是透過我的聽覺或視覺內化成我的東西，因此要說出屬於自己的想法是很不容易的。描寫想法的過程中，有時候腦海會響起自我檢視的鐘聲，心想：「等一等，這是不是我在哪裡讀過的文字？」然後文章氛圍就開始變得低落，進而變得討厭寫作。我所見所聞的經驗也是屬於我的東西。**只要按照何人**、**何時**、**何地**、**爲何**、**經歷了什麼事等因素一點一滴地寫，文章的思路就能輕易鋪展開來。**我便是以這種心情來寫《屍速列車》的影評並上傳到我的部落格。

樂見電影《屍速列車》大賣的原因

以前我曾經擔任綜藝節目《驚嘆號》裡一個名為「喀嚓喀嚓」單元的導演。那是一個找出攝影機捕捉到的善行主角，讚美他的良善並發給他金牌的單元。某一天有一則從釜山來的情報，於是我對主持人李敬揆問道：

「您覺得當天出差去釜山怎麼樣？」

「交通工具是？」

「KTX高鐵。」

他一聽驚嚇地說：「我絕對不搭KTX去釜山！」

以前李敬揆曾在某個綜藝節目搭KTX去釜山出差，路過的一名中學生發現他就是李敬揆，那名學生和他合照又要過簽名之後走掉了，突然間，前面車廂走來幾十名男中學生。打聽之下才知道原來前面的車廂坐著一群要去校外教學的中學生團體。

「大叔，我也要簽名！」「請跟我握手！」「我們來拍照！」「請模仿一次電影《復仇血戰》裡的那句『老爸』！」

李敬揆說：「偏偏那班車是中途不停靠的ＫＴＸ釜山直達車，我根本沒有辦法中途脫逃！」

我看延尚昊導演的《屍速列車》看到一半不禁暗自竊笑。因為湧入車廂的殭屍樣貌彷彿就和上述那群男中學生的叫喊聲重疊在一塊。李敬揆或許會覺得那個場面更加可怕吧。

我曾經在電影院看了延尚昊導演的獨立動畫《豬玀之王》之後在部落格寫下「二〇一一年最棒的電影」的盛讚之詞。如果新人導演要以真人長篇電影出道，首先必須要獲得製作公司的預算，再來是要請到眾所周知的有名演員。然而延尚昊導演透過動畫片的選擇，巧妙避開了那兩個難關。竟想到製作給成人看的獨立動畫電影，原來還有這種方式呢。

我在看《屍速列車》時曾有三次認為：「嗯，要結束了吧。」然而列車並未停止，那個時間點就這樣過去了。這三次全都有黑色淡出，是即使播放片尾演員名單也不覺得奇怪的時間點。當時我便覺得：「啊，導演是刻意安排的！」

「原本的劇本裡並沒有東大邱站的場面。那是我拍電影拍到一半即興想出的場面。」我讀了延尚昊導演的訪談，拍了自己的膝蓋心想，「果然是那樣！」他竟然可以用在拍攝現場想到的分鏡拍出如此壯觀的場面，真是了不起。

幾天前，在看ＣＮＮ新聞的妻子叫喚著我，驚呼：「天啊，那個人現在還在做節目啊？」我走去瞧了一眼，電視裡出現的是擔任一九九〇年代《60Minutes》主持人的盧記者。觀看CNN可以發現二十～三十年前看到的人們現在還在上電視。我明白電視新聞的形式是由他們打造出來的，但是年紀都過六十歲了還繼續工作的話，什麼時候才能實現世代交替呢？看著近幾年的韓國電影讓我產生了一股想法：一九九〇年代引領韓國電影復興期的導演們會不會做太久了？有名的導演們反覆進行著自我複製，故事並不新穎，而刺激卻變得更加強烈。有時候敘事不足就以物質攻勢來填補。身為電影狂熱分子總覺得有些可惜。

這是屬於真人長篇大製作電影的有名導演們的專屬聯盟。用「充斥殭屍的KTX」打破那道堅固牆壁的延尚昊導演，啊，太帥了。果然比起看有名導演的劣作，看新人導演的傑作來得開心多了。

以年輕世代的立場來看，這個世界就是「開往釜山的KTX列車」。它和我的意志全然無關地奔馳著，目的地在哪裡也不知道，就這麼驚險地持續奔馳。運氣好先上車的人就能占據好的位子。電影《末日列車》也刻劃類似的主題。無論是親眼見識「英國脫歐局面」的英國年輕人，或是看著川普當選美國總統的美國年輕人，他們所感受到的情感會不會也相似呢？在我眼裡，青瓦台祕書室長金淇春和放送會（放送文化振興會）的高永宙理事長就像殭屍一樣。這兩人在一九七〇維新年代軍政獨裁中是惡名昭彰的公安檢察官，在二十一世紀重拾黑名單那套，幹著掌握公營電視台這等壞勾當。我心想，如同殭屍一般的人日漸增加的此處、在朴槿惠治理之下的韓國不就是那輛「屍速列車」嗎？

人生在世，有時候也會出現幾個自認為「啊，或許盡頭就是這裡了」的結束場面。此時，就無心地衝破眼前的路障，直接穿過吧。我支持這樣的人生態度。

以上就是我所上傳的《屍速列車》影評。前言是用和KTX列車相關的個人經驗（更正確來說是李敬揆的經驗）作為起始。寫正文時搜集資料是很重要的。在以前，寫新聞或專欄的工作都是和資料之間的角力。幾十年間書寫新聞專欄的某位人士家中堆滿了書籍與資料，他便與這些資料共存生活。一旦某個事件爆發，他就會找出過往發生過的類似事件，以關聯項目來書寫該事件。最近多虧了網路搜尋功能，資料搜集變得容易多了。

利用搜尋功能閱讀相關報導，同時釐清腦海中的想法，在這個過程中再加入我的經驗和既有想法就能創造出新的文章脈絡。而這個新脈絡就是我組織文章的核心所在。

最後要做的事情就是把文章一併裝入名為「主題」的袋子裡。看完電影走出電影院，我想著：「電影是很有趣……所以導演想說的故事到底是什麼？」這讓我變得空虛起來。看電影時必須要感到有趣，從電影院走出來時也要能感受到電影存留的意義才行。文章也一樣，在閱讀後仍留有餘韻才能讓人感到有所成就。

我打從一開始就不會一邊在意主題一邊寫文章。那樣會讓前言變得太過沉重，也會喪失文字的彈性和光采。一開始我會像聊天一樣著重於故事的趣味性。因為這樣才有趣，在書寫和閱讀方面都是。快寫到結尾時我會快速地重看一次前面的文章，這麼做能讓我看出文章的流動脈絡。我能一眼就看出並感受到：「啊，我想在這篇文章談的話題是那個吧。」

有的時候我也無法輕易看出文章重點，這種時候要先停下來思考：「我為什麼寫這篇文章？」一定好主題後就要處理文章的脈絡，讓文章符合主題。和主題無關的細枝末節要果斷刪除，無趣的部分也要先去除，若是有趣但沒有意義，有時候仍能試著修改挽救。然後，以同一個方向繼續書寫文章。如此一來，最後主題出現時才會更有力量。

讓部落格文章變得簡單有三個要領，請試著一一集滿這些要領吧。關於某件事有著過去的經驗是其一，透過搜尋和閱讀得到該事的資訊為第二個要領，最後是該事帶給我的主題。換句話說，一是情節（李敬揆的釜山行KTX），二是資訊（導演的製作訪談），三是主題（像延尚昊導演一樣突破吧），只要集滿這三個要素就能完成一篇文章了。

這就是我寫作的方式。世界上有許多不同的人生，也有各式各樣的文章。而我寫的是出於我的慾望的文章。這既不是學術性寫作，也非工作用文章，純粹是將寫作當成遊戲而已。各位在寫怎樣的文章會感到快樂呢？我認為，找出這個問題的答案或許才是真正的寫作學習也說不定。

寫作學習、閱讀評論②

小時候我閱讀的書籍涉及各種領域，像是漫畫、小說、經濟學、人文學等。不知道從何時開始，我喜歡上小說或自我進修書籍，讀著讀著發現自己似乎對書開始偏食了。於是我最近挑戰起閱讀科學書籍。我想再多學習一些關於生命和宇宙的奧祕。若是純粹閱讀科學書，我怕我會草草讀過，所以我在《NEWSTAPA》*連載了我的書評。現在我不再敷衍閱讀，而是更加謹慎地讀書了，由於一股要把困難的科學書介紹得有趣的責任感，我變得更認真讀書。在此和各位介紹當時寫的一篇文章。

《三葉蟲：穿越古生代三億年進化的見證人》**

給親愛的三葉蟲：

雖然我們是初次見面，但我想先說聲抱歉。因為你們是未開化的絕種動物，我們常藉此戲稱朋友是「你這個跟三葉蟲一樣的傢伙」。這就是像

*《NEWSTAPA》是一個沒有廣告，全靠觀眾的捐助來維持運作的新聞獨立媒體。

**暫無中文版，原文書名爲《Triobite! Eyewitness to Evolution》。

熱愛蘋果產品iPhone的「果粉」戲稱喜歡三星Galaxy的人為「三葉蟲」一樣的脈絡。但是，最近我看了以你為主角的書《三葉蟲：穿越古生代三億年進化的見證人》，讀完之後我開始反省我們這種語言使用的習慣。

原本我認為你是一種在海底爬行的蟲類，瞭解之後才知道原來你是歷史上最早長有眼睛的生物。早在植物登上陸地郊遊的一億五千萬年前你就已經達成視覺發展的偉業了，這真是令我讚嘆不已。即使在黑暗的海底也決心要找到光芒，多虧了你那崇高的努力，我們才可以從透明的方解石結晶中看到你的眼睛和數千隻的複眼構成的全方位視角，你達成了非常了不起的進化。也有人主張三葉蟲帶來的「眼睛的誕生」促發了被稱為動物進化大爆炸的「寒武紀大爆發」。

我們身上也長著你遺傳下來的眼睛。這或許是經過數億年的進化遺留下來的最偉大禮物也說不定。我們真的很喜歡用眼睛看事物。我們甚至為了將眼睛所見的視覺資訊極大化而發展出可稱為「社會性眼睛」的影像媒體。只要坐著，我們就能透過數百台頻道看到世界各地發生的所有事情。

若要主張我們擁有的媒體環境是人類進步的驚人產物，我想這多少有些羞愧。韓國有一種叫做「綜編」*的媒體，如果說那樣的新聞是好新聞，那我真不知道這究竟是言論進步帶來的新世界，還是刺激性言辭所造成的憤怒與憎恨傳散的人間地獄。一想到最近的言論環境我就十分憂鬱。究竟我們真的能聲稱這樣的媒體環境是進步的嗎？

進化生物學者似乎也有著相似的煩惱。所謂的進化，應該是要往改善的方向進步才對，然而有時卻往往會出現反證。以三葉蟲為例，明明有美麗又構造複雜的眼睛能夠使用，但後來卻誕生了沒有眼睛也能好好生存的三葉蟲後代。三葉蟲的祖先物種擁有著碩大眼睛，後代物種的眼睛卻漸漸變小，最終甚至消失。行文至此我突然心生恐懼。我所目睹的言論新聞的退步會不會是媒體的衰敗抑或是滅亡的前兆呢？

三葉蟲的胸節從四節的數量朝著漸漸增加的方向進化，不過有時候也會出現短暫的逆發展例子。進化就好比酩酊大醉的酒鬼踩著左搖右晃的步伐一樣，它並不會直線式地持續演進，因此有時候會發生祖先有的眼睛，在後代身上卻消失，或是胸節變少和倒退演化的現象。就像酒醉走路不穩的人最終仍能找到回家的路，以歷史這段悠長歲月的

* 綜編，綜合編成頻道，是韓國一種不透過無線電視而採取有線電視、衛星電視或寬頻電視來進行全國播放的電視頻道類型。

標準來看，世界確實正在進步。

幾天前我為了更換手錶電池去了一趟鐘錶行，當時老闆正在看綜編新聞，聽了主播激昂的播報，我還以為北韓的金正恩就要發射核子導彈，而工會則提起鋼棍上陣，國家似乎就要滅亡了。每當看到這種電視新聞我都會感到憂鬱，儘管如此我認為媒體的未來還是樂觀的。過去的數年間社群媒體、以網路為根基的言論媒體等替代性媒體如雨後春筍般蓬勃發展，好比生物物種的生存機率是靠多樣性而來，我相信媒體的未來也是由媒體的多樣性來確保。

Richard Fortey在書本的題目上甚至加了驚嘆號（原文書題目為「Trilobite!」）代表他對你們的稱頌。乍看之下或許會感到噁心的三葉蟲其實是一種相當驚豔又可愛，且傳達了許多教誨的蟲類。對於那些好奇作者為什麼研究三葉蟲的人，作者是這麼回答的。

有人會感到好奇，要如何做到畢生研究這種久遠前便已消失，誰都不知道詳細資訊的生物集團，我有一個確實的回答可以回應這個問題。三葉蟲存活了三億年間，幾乎存續了整個古生代時期，而好晚才登場的我們怎能膽敢替他們貼上「原始的」或「不成功的」的標籤呢？人類生活的期間還不到他們生存期間的百分之零・五呢。

——《三葉蟲：穿越古生代三億年進化的見證人》，Richard Fortey著

我也有想向你們學習的地方，那就是耐住時間的方法。過去幾年公共電視台的記者或PD們的生活非常辛苦。然而我們可以因為忍受了十年就抱怨辛苦嗎？在像是永無止境的日本殖民統治時期也曾有獨立鬥士的存在；在陰鬱的軍政政權時期也有一群創立工會、打造民主言論基礎的前輩們。每當我感到辛苦想裝病時，我就會拿起書看看書中的三葉蟲化石照。你們在古生代的海底堅忍了三億年的時間，然後又在形成化石前忍受著地層的壓力，一想到此我便覺悟了。我必須堅持下去，像三葉蟲一樣！

最後我想藉這個機會向你們介紹被解雇的媒體人創辦的替代性媒體《NEWSTAPA》。這些帥氣的前輩即使要被解雇了仍舊沒有拋棄自由言論的價值，就好比死後成為化石，變身為進化見證人的三葉蟲一樣。《NEWSTAPA》不像綜編一樣有社長，也不像國營電視台一樣受政府的影響。他們是全靠市民們支持而成立的獨立言論媒體。在遙遠的未來，研究這個時代媒體的學者們在看過《朝鮮日報》《中央日報》《東

亞日報》的新聞或電視新聞而感到絕望之際，偶然發現的《NEWSTAPA》一定會讓他們驚呼道：「找到了。二十一世紀韓國言論正在進化的新證據！」

是的，以上就是《三葉蟲》的書評。科學書的介紹還真不容易呢。若要讓大家容易理解內容，至少書寫形式要簡單才行，所以我才以書信體的形式寫了這篇書評。寫信給三葉蟲的寫法讓撰稿變得容易起來。最後，我補充我所經歷過的MBC故事，順勢介紹了《NEWSTAPA》。我背負著要讓更多人知道《NEWSTAPA》的使命，因此我在這篇苦惱地搔著頭讀了又寫的文字上添加了更多意義。我的經驗談、在書中看到的句子，再加上我未來的覺悟，三者結合在一起就成了屬於我的書評。雖然讀書是私人的娛樂，寫文章卻是公眾性的行為。我將閱讀時獲得的教訓應用在我的人生，而當我朝著世界發言時，我斗膽地希望我的文字可以給世界帶來一絲改變。希望各位也能藉由閱讀和寫作，不斷穿梭於私人的慾望和公眾性的義務之間，並由此體會到成長的喜悅。

Part 06

寫作人生就是往後的人生

我開始夢想著用新的方式生活，

跟那瞬間最想做的事情，盡全力地生活，

比起他人的眼光，更忠實於自我慾望的人生。

二十代的我多虧有英文，四十代的我轉戰部落格

二十代時，我之所以能挑戰新的工作都多虧了我的英文實力。而現在帶給我勇氣的是部落格。

對於在主控室擔任播放工作的我來說，看新聞帶給我莫大的壓力。MBC新聞，在過去幾年間已經壞到不能再壞了。而這基本上都是社長的錯。潛藏在腦海裡的想法似乎會在偶然間說出來吧。某一天我在走去洗手間的路上說出了：「啊，如果社長可以離開就好了！」這害我差一點被辭掉。原本只是自言自語的，看來我說得太大聲了。我突然收到了待命處分，公司甚至還召開人

事委員會討論我的懲戒。

啊，失敗了。這件事甚至還上新聞了，上面寫著「金敏植PD面臨解雇危機」。周遭有許多人擔心我萬一被公司辭掉該怎麼辦。沒關係，因為我是「離職的達人」啊。你問我那是什麼？因為我從理工科系畢業後當了業務員，又當過口譯師，接著是綜藝節目PD、電視劇PD，現在則兼任作家，所以人們都那樣稱呼我。也許每個人認知的「離職的達人」有不同的意義，但是**能被稱爲「達人」，不覺得很不賴嗎？**

若是有人問起輕易轉換工作的祕訣是什麼，我會告訴他，因為我做沒多久就失敗了。我的高中成績在班級裡一直都處於中等程度。校內審查是十個等級當中的第五等級。高三第一學期的期中模擬考成績是班上第二十二名，依然屬於中等程度。接著我花了六個月的期間拚命讀書，學力測驗的成績竄升到班上第二名。同學們都說我是不是作弊了。

我以學力測驗二八四分的成績進入漢陽大學工學院當獎學生。原本我的第一志願是產業工學系，但是我的校內審查分數拉垮總分，所以我才沒申請上第一志願。就算重考我也沒辦法提高自己的校內審查成績，於是我便去讀了第二志願的資源工學系。我連資源工學系是學什麼的地方都不清楚。到了選課時一看，原來是學習煤炭採掘學、石油鑽探工學、岩石力學等科目的科系。聽說這裡的前身是礦產學系。原本就被人嘲笑黑臉的我，萬一要去煤炭礦坑工作，大概會變得更黑吧。啊，失敗了。

仔細回想，大學入學的失敗是我人生中的第一次幸運。萬一我如願以償地進入產業工學系，或許我會努力學習系上課程，懷抱著當廠長的夢想，以一個工程師的身分圓滿地生活。然而，由於此路不通，我總是在自己的主科和興趣之間不斷煩惱，多虧於此我才能挑戰許多不同的職業。

大學時期我的分數簡直跌落谷底。大學部七十二名學生之中我是第七十名，幸好我不是最後一名。我們系上有兩個在外訓練的體育生，那兩個同學根本沒參加考試。既然主科失敗了，我想我至少要把英文學好。知道漫畫《未生》裡出現的綜合商社吧？去那種公司工作是我的夢想。升上大四的一九九二年秋天，我把自己的履歷投到七個貿易公司，結果在第一關書面審查就全被淘汰了。我最想去的公司是三星物產，他們甚至不接受我的履歷。明明當時就業並沒有特別困難啊。他們想找的人是貿易相關科系出身的人，或擁有語言專長的人，或許一個工學院的學生再怎麼自學英文、累積實力都無法獲得他們的認同吧。走投無路之下我只好進入外商公司擔任業務員。我決心要成為穿梭在五大洋、六大洲，口裡喊著「韓國製造」的自豪外銷生力軍。只不過現實是一個來往於各個醫院，向醫生推銷商品的外勤業務員。我又失敗了。

仔細回想，綜合商社就職失敗是我人生中第二次幸運。若是我進入了一直以來夢想的貿易公司，我會期盼有朝一日自己能成為海外分公司社長而努力向前衝吧。但是，我成為了一個業務員，受人欺壓、被時間和業績追趕著，這讓我認真思考職場生活究竟是什麼。某一天，我出外勤回來後坐在辦公室裡寫報告書，猛一抬頭，我彷彿可以看到我未來的人生全都刻劃在這一個小小的辦公室裡。

「五年後我升遷成為代理，移到那個座位，十年後變成部長，換到窗邊的位置，再過十年升上部經理，到時候就要移進裡面的辦公室了吧。如果在這段期間沒被炒魷魚就太慶幸了。」

才二十七歲我的一生就已經決定好了，一想到此我的腦袋突然一片空白，真的就像蒙上一層霧一樣。我心想，這樣下去不行，於是我開始在下班後去補習班上課。因為我想進口譯研究所進修。我在煩惱未來出路時想了想自己想做的事情是什麼，結果我還是想做英文相關工作。所以我下定決心要成為一個口譯師。

我進入外國語大學口譯研究所之後便辭去工作，自此深深陷入自己熱愛的英文。我翻譯小說，也做國際會議的口譯，當時的我心想，等上了年紀我要創立一家補習班，過著教英文維生的日子。隨後的某一天我在電視上看到ＭＢＣ招募新社員的公告：「我們正在尋找二十一世紀影像媒體時代的領導人才」。突然間我感到心跳加速。如果當電視台PD就可以看到很多漂亮的藝人了吧？我立刻提出申請。

我在進入MBC之後以《男生女生向前行》這部作品出道成為導演。後續作品《新男生女生向前行》和《男生女生向前行3》都深受觀眾歡迎，我的自信心簡直要沖天了。然而，我在製作名為《我來自朝鮮》的情境劇時徹底失敗了。PD不能犯下的三大惡行為：收視率低迷、廣告銷售不振、超出製作費，我一次達成三大惡行大滿貫，節目只播出四集就被下令停播了。真是徹底的失敗。

情境劇提早停播是我人生中的第三次幸運。這讓我又再度觀望其他出路。當我正忍受著恥辱的歲月時，公司留言板上新增了一篇電視劇部門的社內招募公告。我突然心跳加速。「沒錯，雖然情境劇失敗了，但如果是電視劇或許可以拍得很順利！」我很快地申請轉調部門，結果被周圍的人勸阻了，他們說：「你年紀已經大了，萬一去電視劇部門又失敗要怎麼辦？」沒關係的，在失敗這方面我可是專家呢。我調為電視劇PD後曾經失敗也有過成功，就這樣又堅持了幾年。

我現在主要過著寫作生活。寫作很開心，去各地演講也很快樂，我正在兼職當作家和講師。有些後輩聽說我是「離職的達人」而前來找我商量。「現在的工作內容和我的興趣不合，我該怎麼做才好呢？」我會反問他們：「**現在這瞬間，什麼事情會讓你心跳加速？**」我在看到ＭＢＣ的招募公告和電視劇ＰＤ的社內公告時的心情都很悸動。我的年紀已經五十歲了，在我的人生當中，遇見令我心跳加速的工作機會並不多。如果遇到會讓你心跳加速的事，一定要先挑戰再說。

二十代時，我之所以能挑戰新的工作都多虧了我的英文實力。因為我就算失敗還是能靠翻譯工作維生。而現在帶給我勇氣的是部落格。要是被公司炒魷魚了，我有信心可以依靠部落格賺錢生活。不退休，工作一輩子是我的夢想。因為部落格，我的夢想正在逐步實現。早上起床到公司上班前的一、兩個小時，我會寫部落格文章。多虧於此，最近我領的「第二份薪水」——版稅和稿費已經比當ＭＢＣ的ＰＤ領的月俸還多了。

部落格是開發新工作的最佳道具。現在是搜尋的時代，新的機會是會從網路找上門來的。部落格現在是用來作為行銷個人品牌的網路電視台，同時也是職務開發研究所。想要長久工作就要先學習，而如同玩樂般的學習就是最棒的方法。

我現在最想說的話

> 我開始夢想著用新的方式生活。
> 做那瞬間最想做的事情，盡全力地生活，
> 比起他人的眼光，更忠實於自我慾望的人生。

有一個契機讓身為理工科學生的我夢想過著藝人的生活。那是在一九九二年，我大學四年級去歐洲背包旅行的時候。

每每去到歐洲的觀光名勝，街邊總是充斥著樂師。像是在倫敦皮卡迪利圓環遇見彈吉他的男子、布拉格查理大橋的小提琴手，以及巴黎龐畢度中心前的默劇演員。我原以為藝術家就是那些

在電視上出現的人，沒想到世界上竟有這麼多業餘藝術家的存在。這是在韓國見不到的新興人類。我原本相信職業就是為了生存而選擇的事，不過也有許多人從事自己喜愛的工作日復一日地過活。我在前往瑞士因特拉肯的火車上遇見一個祕魯的印地安人。他離鄉背井來到異國，四處在火車站的廣場演奏排笛，一邊販賣著腳邊放的CD，每天就這樣過著他的人生。對我而言真是個文化衝擊。我問他四處遊走的生活會不會很辛苦，他反問我。

「那麼你呢？旅行有趣嗎？」

「非常有趣啊！」

「我也覺得這樣的生活很有趣。去自己想去的地方，看自己想看的風景，演奏那瞬間我最想高唱的曲子。」

「真的太酷了！如果我也能像你一樣生活該有多好！」

「想要的話你也可以這樣生活。」

那天之後，我開始夢想著用新的方式生活。做那瞬間最想做的事情，盡全力地生活，**比起他人的眼光，更忠實於自我慾望的人生，那正是藝人的生活**。首先，我打從骨子裡就是個小氣鬼。所以就算錢賺得不多也沒關係，我決定要做有趣的事情過活。我從小就喜歡故事。我喜歡書也喜歡電影，但是我沒有勇氣夢想成為小說家或劇本作家。不過，無論在何處都好，我想當一個說故事的人。從事第一份工作跑牙科業務時，我也開發了一些故事。畢竟單純說明產品的特性一點都不有趣不是嗎？所以我便將開發產品的狀況和產品誕生祕辛連結，創造出一個故事，接著加入其他牙科醫生使用產品後的情節，再將完成的故事講述給客戶聽。

「有一個接受樹脂治療的患者，他去鬱陵島玩，有個人給他一顆南瓜糖，想讓他嚐嚐味道。啊，當時是同學會，但他的門牙卻偏偏在以前單戀的同學面前一下子鬆脫掉落。雖然樹脂就只是個治療方法，但其實黏著度也很重要。從這點來看，我們這次推出的產品……」

我也算是盡力編出一些有趣的故事來進行業務推銷，只不過很少有醫生會感興趣地聽業務員說故事。所以我的工作就換成了口譯師。我想，即使我沒有編織故事的才能，我也能將他人的故事翻譯得很好。但是我在口譯時也習慣性地將原文講述者的故事添加一些趣味的元素，所以我受到了許多指責。他們說那不是翻譯，是錯譯。每次做演講口譯時我都會煩惱，「啊，這段故事如果再多加一些描述的話，一定會更加有趣……」

就這樣，歷經各種曲折，最後我總算明白了，「我不適合翻譯別人的故事，我這個人應該要講述自己的故事才對。」所以我又轉職為喜劇ＰＤ。然而，進了公司之後我發現就算是ＰＤ也不能盡情講述自己的故事。領著月俸，用公司的錢製作節目，如此一來，必須成功的負擔感自然相當沉重。而我當然就變得更在意觀眾喜歡的東西，而非我喜歡的東西。

從這一點來看，真正的藝人其實是部落格作家。好比街頭樂師每天早晨就到人潮熙來攘往的街道一般，部落格作家也要站在人們來來去去的網路路口。站定位後，我會講述我最想講的故事給人們聽。無論是書、電影，還是旅行，我會講出那天早上最令我心動的故事。由於是街頭現場表演，很多時候也會有些生疏。之後再重新看自己的表演也會感到羞愧。就像樂師把每天在街頭練習的表演錄音做成唱片一樣，我則是一年一次，把當年度最好的文章集結成書出版。街頭樂師腳邊放的CD如此對我說道：

「您喜歡我演奏的歌曲嗎？如果喜歡的話請買一張CD聽聽看吧。這裡面收錄了在高科技設備的錄音室和一流的錄音室樂師們共同用心錄音、嚴選的曲目。」

我將部落格的文章集結成書的心情也是如此。為了付錢買書的讀者們，書裡只收錄最有趣和實用的文章，接著再潤飾與修改。去高中演講未來生涯出路時，我會對PD或記者的志願生這麼說：

「各位，職業不是夢想。成為醫生，成為律師，成為PD都不是夢想。**透過這份職業做些什**

麼事才是真正的夢想。成為醫生可以幫助生病的人；成為律師可以實現正義；成為ＰＤ可以製作有趣的故事，這才是真正的夢想。即使不是醫生，也有許多方法可以幫助生病的人；不是只有律師才能實現社會正義；同樣的，就算不是ＰＤ，也能創造故事分享給大家。有部落格、Podcast和YouTube可以利用。這是一個如此適合經營個人媒體的世界，我只希望大家不要太過拘泥在電視台ＰＤ或記者的這份職銜就好了。」

寫給我的粉絲來信

> 我想，人生在世的期間，我絕對不會停止對自己做出瘋狂的粉絲行為。

《神秘的電視驚喜秀》節目中曾介紹一個街友約翰・多蘭的故事。

〈改變我人生的狗〉

二〇一三年，有一名畫家在英國舉辦了畫作展示會。展示會受到許多人的注目，進行得十分盛大……意外的是，每幅畫裡都有一隻狗！因爲遇見一隻狗而從此改變人生的男人，他究竟是誰？

這則故事的主角約翰•多蘭出生於兄弟姊妹眾多的家，因為他是父母很晚才生的老么，因此他和姊姊的年齡差距很大。在他十歲那年，父親對他說出了相當衝擊的故事。

「其實我不是你的爸爸。我是你的爺爺。你的姊姊才是你的媽媽。至於你的爸爸？或許你看過他一、兩次吧。是你姊姊的前男友，他就是你爸。」

小小年紀的約翰突然感到世界彷彿天搖地動，他變得不知道該相信什麼了。結果他因情緒不穩定而演變為兒童肥胖，也因此在學校遭受排擠。沒有心靈依靠的十代，他染上毒癮、做出犯罪行為，多次進出少年感化院。二十代時，他在一次偷竊中受傷，因此在醫院惹上麻煩，最後便被趕出家門了。他的爸爸，不，他的爺爺說：

「反正你本來就是一個我們全家人都不想要的孩子。」

他成為了街友，在街頭過著吸毒成癮的生活。某一天，他遇見一隻被拋棄的狗。無家可歸的他養起了這隻無家可歸的小狗。換句話說，誰都不想要的孩子和誰都不想要的狗相遇並共同生活。這是在倫敦街頭常見的景象。只要在狗前面放一個罐頭，人們覺得狗比乞丐可憐，就會丟零錢給牠。狗是不會對人有差別待遇的，牠不會因為主人有錢就喜歡主人，沒錢就輕視主人。在狗的眼裡，所有人都是平等的，而主人是牠最尊重且愛護的對象。狗狗喬治對街友約翰展現出了無限的愛，約翰也在不知不覺間打從心裡深深愛著喬治。

約翰每天都在街頭畫喬治，他的畫畫技巧也日漸進步。偶爾也會有行人向他買畫作。某一天，長期觀察約翰的一位紳士提議把他的畫作集合起來開展示會。後來才知道原來那位紳士是英國有名畫廊的策展人。現在街友約翰已經成為一位知名畫家，在世界各地開設畫展了。他將自己的經驗用演講分享給大家。真的是一個很「驚喜」的故事吧？

擔任管弦樂指揮家的具滋凡老師曾經說過一番話。去音樂學系參加入學申請面試的學生總是帶著緊張的表情演奏樂器。具滋凡為了替學生消除緊張，會唸一段咒語。

「你可以演奏一首你最喜歡的流行歌或歌曲嗎？」

結果學生們反而更緊張。「還不如要求我演奏困難的曲子呢……」他們為了準備考試，只練習了困難的曲子，根本沒有閒暇時間聽流行歌。藝術和體育的活動也是進入大學的方法之一，當這些活動變成職業的一環時，它的趣味也消失了。

人若是能像街頭樂師一樣，做某件事全然只為了自己的快樂，這種時候就能培養出創造力了。要是街頭樂師在意每個路人的反應，他們演奏起來也會很辛苦。看著路人忙碌地講電話的模樣只會感到沮喪吧。或許樂師會猜想，「路人是不是覺得我在眾人忙碌的上下班時間製造無謂的噪音呢？」約翰・多蘭不曾夢想過自己賣畫或開展示會，他只是想把喬治可愛的模樣留存下來所以每天畫畫而已。

能遇見像喬治一樣的狗也是一件幸運的事。如果有誰能無條件地愛我、崇拜我，他就會是我的頭號粉絲，也會成為我的支持者。

「我是您的粉絲！」

這是所有人都想聽到的一句話。如果有人可以像這樣每天說給自己聽該有多好？我的夢想就是和我一起生活的妻子可以對我說這句話。然而現實中的妻子是我的頭號反對分子。不久前妻子去參加大學同學們的忘年會，聽說某個人在那個場合裡稱讚了我，說讀過我的書之後覺得我像是一個愉快又有趣的人。我的妻子大人只說了一句話。

「試著跟他生活一天看看，妳的想像會立刻破滅。」

妻子還說，有些後輩看過電影《共犯者們》裡我控訴著「金章謙*卸任吧」的一人抗議場面後告訴她：「請幫我跟您的丈夫說我支持他！」結果妻子是這麼回應的。

「嗯，因為是別人的丈夫當然能支持啊。妳想想看自己的老公在公司裡做這些事，真的是快瘋了！」

她還真是吝於稱讚啊。每天早上我在Facebook上傳新文章，她也幾乎不曾「按讚」。偶爾我會用KakaoTalk傳給她我的自信之作，並徵詢她的意見。因為我最想獲得的是妻子的認同。但是每次我都後悔，「真是白問了，真是白問了。」

I am your No.1 fan!（我是你的頭號粉絲！）

這句話是所有創作者都夢想聽到的話。雖然妻子的反應冷淡，但我也不因此氣餒。**我有一個最棒的粉絲，那就是我自己**。我是發自真心喜歡自己寫的文章、自己製作的作品和自己所說的話。我也會在閱讀自己的書時獨自摸摸自己的頭；在看自己的演講影片時獨自感到欣慰，像這樣：「乖乖乖，我們敏植真是會說話。」

你剛剛是不是差點氣得說出「你是瘋了嗎？」這句話？我也知道自己這種行為很幼稚。但是，就算別人眼中的我很蹩腳，我還是會用粉絲心態一直對自己說：「很有趣！很有趣！繼續嘗

＊前MBC電視公司的社長，於二〇一七年十一月十三日遭到解聘。

試！」有時候覺得自己文章寫得很好的日子，也會在午餐時間吃些特別好吃的食物。「寫文章辛苦了吧？今天就特別吃點貴的料理吧！」想不出點子的時候，我就一個人去看電影。「今天一整天就替自己的點子銀行充充電吧！」像這樣，我用各式各樣的方法照顧自己，讓自己絕不感到氣餒。因為，對所有創作者而言，最必要的頭號粉絲就是自己本身。

小時候被排擠時，我曾體會自尊心被擊潰的感受。我當時心想，孩子們欺負我是因為我本來就是個沒出息的傢伙，越是喪氣孩子們越是戲弄我。後來我突然產生一個真的非常窩囊的念頭：「我乾脆去死算了？」但是我仔細想過，要是我自行了斷和世界的因緣，便會帶給愛我的人們傷害，而欺負我的孩子們不僅不會反省，他們可能還會嘲笑我，「那傢伙果然就是沒用」，最後吃虧的人只有自己。我決定改變想法，以後我不要在意別人是如何看我的，我只要專注在我能不能做自己想做的事情就好。這個世界就是如此，別人的心思不是我能控制的，所以我要從珍惜自身做起。

「沒關係！」

「還不錯！」

「先試著做做看！」

「有點丟臉又如何？」

像這樣勉勵著自己，繼續往前邁進。**我每天寫的部落格就是我寫給自己的粉絲來信。**

「你是一個擁有趣味喜好的令人驚嘆的人。」

「你是一個懂得把美味的食物形容得絕妙至極的人。」

「你是一個周遭充滿好人的超棒朋友。」

我想，人生在世的期間，我絕對不會停止對自己做出瘋狂的粉絲行為。

希望今天的日記能帶來撫慰

請把現在感受到的所有情緒
確確實實地寫成文字，將所有心情
都吐露在日記本之後便遺忘吧。

當我沒有什麼素材可以寫在部落格上時，我就會翻看以前的日記本。三年前的這個時間我在想什麼呢？像這樣，我有時候甚至會翻出三十年前的日記本。

一九九〇年十月十四日（日）

我一邊做事一邊看棒球。是三星對海陀*的季後賽，五戰三勝中先取得一勝的三星在一開始以二：〇輸給海陀，後來又以五：二逆轉，接著海陀再度以七：五超前。九局下半兩人出局，此時出場的朴承昊揮出安打上了一壘，後來宣銅烈被金容哲打出一支全壘打，七：七平分後，十一局在無人出局滿壘的情況下，再拿下一分的三星獲得了最終的勝利。眞是一場有趣的比賽。

摒除體育愚民化和地區性情感的話題，在最終的狀況下還能上演出起死回生的戲碼，從這一點來看，體育眞的很有魅力。

我也要過著這種人生，很酷的人生，成爲一個直到最後的瞬間都不放棄希望的人。嗯……

看著整理搬家行李時翻出的日記本，我一個人噗哧地笑了出來。大學時期，看了棒球轉播後寫出那種日記的理由是什麼呢？那是因為當時我的生活很是憂鬱。我結束防衛兵的兵役，在復學前回到了首爾。大學還沒開學，跟家裡要住宿費總覺得過意不去，所以我就去在論峴洞永東市場經營食堂的親戚家借住，他們供我食宿，白天我就幫忙外送和店內的送餐，晚上則去學校圖書館

* 海陀隊已在二〇〇一年改名爲起亞隊。

讀書。「我一邊做事一邊看棒球」是在送餐之餘用店裡的電視看棒球的意思。而電視當然是客人要求打開的嘍。

復學在即，當時的我已經放棄主科，但卻沒有其他特別想做的事，我處於模稜兩可的狀態。即使如此我還是不願放棄希望。「雖然我不會工程數學，在學校被人視為學習遲緩兒，但是我一定也能找到符合興趣的工作，逆轉自己的人生！」寫那篇日記時，二十四歲的金敏植一定很迫切渴望實現願望。

某個人在我的部落格留言板上傳了一篇文章。

人生眞是虛無又無常。

心臟像是被穿了一個洞一樣。

PD您說您感到辛苦時都會讀書，可我卻什麼方法都沒有。

實在太折磨了，如果有誰能向我伸出援手就好了。

我每天都在想，眞的會有眞心愛我的人嗎？（中間省略）

爲什麼我必須要在他人的誤會和嘲笑之中生活呢？

這些想法占據了我的腦袋。

不過我並不想死，這該是一件值得慶幸的事吧？

究竟該如何治療我的這些傷痛才行呢？

我的心很痛，因為我十分感同身受寫這段文字的人的心情。是的，這段文字和二十三年前我在日記本裡寫的文字真的非常相似。我在大學三年級復學時一次都沒有牽過女生的手，是個戀愛的遲緩兒。否則為什麼我當時愛唱的歌會是「五根手指」樂團的〈能不能戀愛〉。這首歌的歌詞開頭是這樣的：「有誰能來愛這個沒用的我。」我在日記裡寫滿了想和女生交往看看的煩悶心情（因為太丟臉了，我實在無法公開那篇文章）。

當他人不明白我的心情時真的很痛苦吧。年輕的時候，我真的被別人傷害很多次。年輕時每天寫日記的原因是為了把無法向他人吐露的怨氣都寫進日記本裡。後來某一天我翻開日記本，發現其實自己帶給自己的傷害也很多，並不輸給其他人帶給我的傷害。「你為什麼這麼沒出息？為什麼每天都被他們欺負？到底什麼時候才要振作精神？」我寫了很多像這樣的文字。這真是驚人又衝擊的發現。所以我決定了，就算別人會欺負我，至少我不要欺負自己。

排擠他人的孩子們其實對群體的歸屬感有著強烈的渴望。因為比起變成被排擠的一人，他們比較想歸屬於排擠他人的多數，這樣的想法讓他們的人數越來越多。所以他們其實是怕被攻擊而採取先發制人的舉動。如此一想，突然覺得那些孩子也顯得好可憐。我當時心想：「壞的是排擠別人的人，被排擠的我沒有錯。」那個時期，我在日記裡的某個角落寫了一段話。

我怎麼會夢想自己變得不是自己呢？
如果不是我，還能叫誰來愛我？
就連我都背棄自己了嗎？

必須忍受這些無可奈何並忽略它，越是在意他人的話和行為就越是感到心痛，不管怎麼做我都沒辦法確實理解他人的意圖。這種時候我會看看自己，然後我會忠於我所擁有的現在，我決定，我必須忠於自己的心志生活。「**我想做什麼？如果我現在的人生很痛苦，爲了改變現況，今天的我應該做什麼？**」

要是覺得生活很辛苦，要不要試著寫日記呢？請把現在感受到的所有情緒確確實實地寫成文字，將所有心情都吐露在日記本之後便遺忘吧。在過了長久歲月之後回頭看自己的日記，或許會讓你發笑好一陣子也說不定。就連久遠的日記都能成為部落格的題材。分享在那個年紀寫下那篇日記的我的故事也能帶給年輕的讀者們一些共鳴。把二十歲的我所感受的想法寫成文字分享，或許能將真心的安慰傳達給有類似委屈的人們也說不定。目前五十歲的我上傳到部落格的文章，也許在十年之後也能分享給煩惱退休後該如何生活的中年上班族。「十年前，我在公司感到相當辛苦的那天，我曾在部落格寫一篇文章。」到時候我大概會這麼說吧。希望我今天所寫的日記能在未來某一天成為某人的撫慰，從這樣的心情出發，今天的我也持續寫文章。

開始注意那些未曾注意到的事物

記錄著每天的生活，久而久之，
原本不曾注意的周遭事物開始映入眼簾了。
我感到人生中的每一天變得更加珍貴。

《男人退休時後悔的二十五件事》*是主修老人福利的作者集結了一千名以上退休人士的訪談內容所出的書。作者拜訪嬰兒潮世代的退休人士並訪談他們，在訪談過程中最常出現的詞就是「後悔」。作者是一位女性社會學者，她總是大聲疾呼：「身為女性要生存在這塊土地上是多麼不利的事情啊！」然而，她訪談過退休男性後，發現他們也並非「winner」（贏家）。曾經風光一時的男性們一旦退休也會很快地變得不堪，因為那些透過職場結緣的關係全都消失殆盡，而他們對家人的過度責任感會如影隨形跟著他們到死為止。他們無法讓自己適應急速變化的世界，於是淪落為脆弱的存在。我想跟準備退休的四十～五十代男性分享以下的內容。

看重自己、愛自己吧。從對家人的過度責任感之中解脫吧。不僅是經濟方面，心理方面也必須獨立才行。不需要因快樂又有趣地生活而懷抱罪惡感。

——《男人退休時後悔的二十五件事》，韓惠晶著

退休之後要如何玩樂才算是會玩？我生於一九六八年，生肖屬猴。在我們這個世代從小就認真學習，年輕時做許多工作。現在退休了，就應該要多加玩樂才對。「我在做什麼事情的時候會開心？」「我的人生樂趣從何而來？」我打算找出這些問題的答案。

擅長光影的畫家莫內年輕時以巴黎為中心活動。到了五十九歲，他開始在位於諾曼第大區的

＊暫無中文版，原文書名為《남자가 은퇴할때 후회하는 스물다섯 가지》。

吉維尼住家畫蓮池裡的睡蓮。在八十六歲逝世時，他留下了兩百多幅的睡蓮系列作品。有些人的全盛期到了六十歲才開始。萬一莫內認為「現在已沒有年輕時的熱情和體力，我該放棄畫畫了」，他就不會創作出我們熟知的睡蓮系列作品了。六十歲手執畫筆的莫內會不會是這麼想的呢？

「啊，我們家蓮池裡長的睡蓮如此美麗，要是我早點知道的話……我就不需要浪費力氣輾轉各處，也就不會感到徬徨了。」

好比童話故事《青鳥》裡也提過，幸福就在不遠處，在自己的身邊就能找到幸福了。比起前往更高更遠的地方，應該在近處更深層、仔細地觀察才行。在離我最近的地方有什麼呢？就是我自己。所以在退休後要做的最重要的事情便是出發旅行去尋找自我。為了實現這件事，我必須減少自己的慾望。體操選手梁鶴善曾說：

「雖然我可以飛得更高，但是我不會那麼做。爲什麼？因爲落地才是重要的。」

年紀過了五十歲，比起跳得更高遠的雄心壯志來說，我們要做的應該是做好落地的準備。

訪問一千名退休男性的韓惠晶教授推薦大家可以將寫作當成退休後的活動之一。雖然男性上了年紀後體力會下降，但是情感會變得豐富，因此可以寫下回顧與梳理自己人生的文章。寫作可以使人看世界的眼光更加明亮。她訪問一位年過七十才第一次學韓文的老奶奶，她問，學了韓文之後有什麼好處，奶奶是這麼回答的：

「我開始看見原本不曾注意的花。」

部落格也是如此，記錄著每天的生活，久而久之，原本不曾注意的周遭事物開始映入眼簾了。我感到人生中的每一天變得更加珍貴。我在此大膽地推薦大家，希望大家可以利用部落格記錄自己人生的每個瞬間。

越分享越幸福

自己所領悟的知識
應該用文字記錄下來，
並且和他人分享才行。

爲了好好變老，我必須繼續學習。我能用我現在既有的知識和技術撐過剩餘的人生嗎？就算我能撐下去，但是這不就代表我不會再進步了嗎？我看了一本書叫做《上年紀的功課》*，書裡出現了一位我想當成楷模的長輩。他是七十代後段班的老教授，同時也是物理學者張會翼先生。他即使到了老年依然努力學習，此外也積極參與寫作活動和演講。他曾如此說道：

著名的孔子曾說過：「朝聞道，夕死可矣。」這句話的意思是，若在早晨領悟了道理和智慧的精髓，晚上死去也無妨。我想再多補充一句。如果早上領悟道理而晚上就死去的話，不就沒辦法和他人分享道理了嗎？所以應該在早上把道理寫下來才對，應該要寫完再死去才行啊。我們必須分享知識才行。應該將我好不容易獲得的知識傳承出去，並藉此在我們的命運中建立智慧才行。

——《上年紀的功課》，高美淑等人合著

原來如此。自己所領悟的知識應該用文字記錄下來，並且和他人分享才行。辛勤地讀書，拚了命書寫，這會不會就是一個中年人往幸福老年生活前進的功課？如果人生有事業第二春，大家都會煩惱退休後該如何繼續工作。要工作之前，應該要先學習。因為在人生中，學習是首要，工作是其次。

＊暫無中文版，原文書名為《나이 듦 수업》。

二〇一五年秋天，我去了一個月的南美背包旅行。我在伊瓜蘇瀑布遇到了韓國旅行團。南美跟團的旅客之中五十～六十代的中壯年層人口壓倒性地多。因為南美距離韓國很遠，年輕上班族若要休假旅行會造成很大的壓力。旅行團的旅客看見和自己年齡相仿的我自己一人背包旅行的模樣很是羨慕。「背包旅行真不錯。不過他看起來是會說英文的人，像我們這種不會英文的人還是跟團最好了。」他們一邊說著一邊離開了。而我卻在內心想著：「現在學英文還不遲啊……」

能享受漫長老年生活的我們的確是有福氣的世代。退休之後，我們可以在這數十年間嘗試所有年輕時沒能嘗試的事情。我認為老年時期能做的最佳興趣活動就是學習。年輕時雖然因為工作忙碌、照顧家庭太辛苦而無法做到，現在已經從那些負擔當中解脫了，所以就當作興趣嘗試看看如何？

變成老人最心酸的事情就是其他人都不瞭解自己。憤怒地吶喊：「我可是一個〇〇的人呢！」或是一再發火全都是因為別人不瞭解自己的緣故，因為別人不知道自己是一個多麼了不起的人。但是，**如果能培養出對自己的自豪，就算他人不瞭解自己也不會感到生氣的**。培養自豪最好的方法就是學習。要是能把這輩子工作時熟悉的祕訣，以及上了年紀後學到的知識內容利用部落格分享給大家的話，那該是一件多麼美好的事情啊。

有回饋和回應的人生

回饋和回應，
這兩點是我將自己遇見的所有人
變成好老師的方法。

部落格的魅力當然就是雙向溝通嘍。透過回覆或在留言板留言，每個人都能留下自己的意見或問題。忠實讀者的支持能帶給我力量，有時候讀者留下的問題也能讓我當作主題，促使我再度奮發學習。某一位讀者留下了這樣一段話。

您好！這幾年間我總是看了您寫的好文章和實用情報就離開了。今天您在部落格分享的網站也非常適合用來累積英文知識，而且也很有趣。我個人最喜歡老師您積極又正面的思考。除此之外您還具有找出實用網站的眼光和勤奮努力，甚至跟我們分享資訊。很謝謝您。不過我想請問您是如何得知這個網站的？

我就明說了吧，我很喜歡這種留言。這簡直可以讓我洗去一天的疲勞！經營部落格為的就是這個滋味啊。

謝謝您！

讀了您的文章令我想起哈拉瑞的《人類大歷史》當中的一個段落。「我所相信的信念或許是錯誤的。」領悟這件事帶來了近代的開始。一四九二年，哥倫布到達美洲大陸，但他卻認為那裡是印度。整整一千年以上，聖經記錄的世界只有歐洲、非洲和亞洲。哥倫布對這樣的世界觀深信不疑，因為他從不敢想像世界上會有其他新大陸。

據說最早的近代人是亞美利哥．維斯普奇。他身為航海家兼冒險家，身為這兩者，他幾乎是一個沒沒無聞的人。對於哥倫布發現的地區，他表示「不知道那裡是什麼地方」。占據世界四分之一土地的兩塊大陸以他的名字為名的理由很簡單，就因為他有勇氣說出「我不知道」。我的學習也是從我所不知道的事物開始。

1·首先，我會好好提問。

只要遇到人，我就一定會問他們：「最近有什麼有趣的事？」

2·把聽到的東西記錄下來。

要當場立刻記錄才行。因為我不相信自己的記憶力。

3·試著親自實踐。

當有誰說某件事有趣，就直接嘗試。無論是運動、讀書、電影心得、旅行、遊戲、流覽網站等，抽空親自體驗看看，覺得好就寫下備忘錄。如此一來才能在部落格上介紹與分享。

4·向他人致上感謝之意。

下一回再見到那個人就對他說：「我嘗試過了，真的很有趣。你的眼光果然值得相信。為了表示我的感謝，今天我請你吃飯！」我會像這樣傳達謝意。那麼他就會告訴我更多有趣的事物，而且會興奮地跟我分享最近讓他樂在其中的事。

回饋和回應，這兩點是我將自己遇見的所有人變成好老師的方法。想要學習某件事最好的方法就是向其他人說明該事。為了在部落格上介紹，我會認真地嘗試。如果覺得無趣就嘗試到有趣為止。無論是什麼事，在習慣之前是不容易感到有趣的。為了在部落格上介紹，我要更加努力去享受。從這一點來看，我最棒的老師還是部落格的讀者。因為我能從回答讀者問題的過程中再次產生新的想法、再度發現文章題材。世界上到處都存在著令人感激的老師。為了和他們相遇，今天的我依然在部落格上傳文章。

歡迎詢問關於部落格的大小事！

Q：請問你推薦大家寫部落格的理由是什麼？

A：活了五十個年頭，我發現在生活中能一舉兩得地同時具有興趣和意義的事情並不多。寫作正是能一舉兩得的代表性方法。首先，寫作是有趣的。再者，若是某人讀了我的文字而獲得幫助就是有意義的事。投入零星的時間就能同時追求樂趣和意義，沒有什麼事比部落格還要輕鬆簡單了。

Q：部落格的外觀選擇和編輯實在太困難了，怎麼辦？

A：一開始可以使用基本款的外觀，不需加以編輯，只要寫文章就好了。與其煩惱形象的塑造，耗費許多苦工在畫面呈現上，不如專注於煩惱要寫什麼文章比較好。部落格是「web」和「log」的複合詞「weblog」，顧名思義，部落格就是在網路上寫日記的意思。等自己稍微習慣裝飾部落格的外觀之後再多用點心設計也可以。總之，優先要務是像寫日記一樣寫出真摯的文字。

Q：要如何制定部落格的主題呢？

A：我喜歡的日常事物就是部落格的主題。一旦準備寫作會發現自己茫然地不知該寫些什麼，因此寫作主題要選擇自己平常喜歡的事物。請不要看了其他專家們的部落格就感到萬分氣餒。只要找出只有自己能寫的主題，規律地寫下去，總有一天你的部落格和你的人生都會變得更加豐富。我個人的狀況是，如果我對於一個不太熟悉的領域產生興趣，那麼我會先在部落格裡新增分類。然後我會在持續學習的同時寫文章。如此一來，總有一天我喜歡的領域會變成我最擅長的領域。

Q：要如何制定部落格的分類？

A：可以參考自己平常常看的部落格的分類。因為自己喜歡的部落格就是自己經營部落格的指標。只要以自己平常有興趣的主題分類就行了。但是這種分類方式會自然延伸出越來越多的類別，與其讓分類變得太多而顯得雜亂無章，不如把相似的類型集結在一起，讓分類變得單純化。在忠武路有一間餐廳，餐廳裡的菜單只有「烤鯖魚」一種而已，但是那間餐廳每到中午仍然大排長龍。為什麼呢？因為它很具衝擊性。我認為經營部落格也需要類似的策略。畢竟人是很難成為萬事通的，這樣的部落格管理起來也很辛苦。

Q：經營部落格不用花錢嗎？

A：在商量戀愛問題時，人們常說不要相信那種會買昂貴禮物送女友的男人。在選擇男友時，投資時間在建立關係的男人會比花錢約會的男人還要好。要想建立良好關係，花時間比花錢更加必要。為了上傳部落格文章而買昂貴相機，或是走訪全國各地的美食餐廳，抑或是上傳新商品開箱文等，要做到這些事勢必會花點錢。但是我想告訴各位的是，與其投資錢財不如投資時間。就算會花到錢，也應該要花在投資自己的生活上，我相信經營部落格是不需要為了寫文章而花錢的。

Q：管理部落格需要花費多少時間？

A：我都是清晨起床，在上班前花一、兩小時專心寫文章。或許大家會覺得每天寫文章很浪費時間，但是這反而賺到了一些時間。若要早起的話我就不會和別人約在晚上見面，也能養成十點以前一定上床睡覺的規律習慣。這麼做還能跟孩子共度睡前的時光，增加了珍貴的「寶貴時光」。

Q：每天都寫一篇文章應該不太容易吧？

A：多虧於此，我覺得我的人生活得更積極了。為了寫文章我更加認真旅行，也努力讀書，工作時也變得更認真。由於我有隨時筆記的習慣，生活的紀錄也因此變得更豐富。以前隨意讀過的書也因為想在部落格上介紹而更加仔細閱讀了。多虧了部落格，我的人生變得更豐富多彩。

Q：要如何管理部落格的訪客？

A：在部落格草創期時我會回覆所有的評論和留言板的留言。一旦訪客增加就很難這麼做了。因為回覆留言反而會壓縮到寫部落格文章的時間。但是我一定會閱讀所有留言。如果有人提出問題的話，我會努力地利用留言或寫文章的方式回覆。訪客的回饋是很重要的。這是我在當電視台導演時所得到的教訓。如果看電視劇的觀眾有一萬人，在這些人之中特地來官方網站留言板留言的十個人就是重要觀眾。這些人的意見主導著網路上的輿論。我認為重要的訪客就必須要密切注意才行。

Q：請問你有沒有遇過惡評（惡意的留言）？

A：人生在世怎麼可能會沒遇過考驗呢？但

重要的不在於考驗，而是我能從考驗之中學到什麼。有人來留惡評，是因為他看了我的文字而感到憤怒。我會仔細觀察他的憤怒。他生氣的對象不是我，是我的文字，所以我會從我的文章裡找出引起對方情緒不滿的起因。批評我的敵人有時候會比親近的朋友更能讓我學到許多。透過惡評我也學到許多寫文章的要點。重要的是，請避免因為惡評而受到不必要的傷害。基本上，我認為不需要寫出所有人都會稱讚的文章。畢竟我也不必特地再寫一次那些眾所周知且認同的事實吧？另外，我也必須寫一些文章來說服與我持相反意見的人。在這個過程中產生意見上的摩擦是難以避免的，就把這視為一個讓自己文字更加成熟的契機吧。

Q：要如何宣傳自己的部落格？

A：可以在KakaoTalk或Twitter（推特）的個人資料上加註部落格的網址。在進行演講或訪談等對外活動時，可以留自己的部落格網址代替聯絡方式，並請對方若有任何疑問可以來部落格留言。其實，關於許多人疑問的解答大部分都已經寫在部落格裡了。Tistory*可以跟Facebook和推特連結，只要

* 韓國的部落格網站。

上傳部落格文章就會自動通知周遭好友。多虧這個功能，很多朋友也會從Facebook連結到我的部落格。

部落格根本就沒有缺點。

Q：若要你說一個部落格的缺點，那會是什麼呢？

A：經營部落格會讓人深陷其中。因為沉醉在人們的反應，投資在部落格上的時間也會漸漸增加。如此一來就變得不是在享受生活，寫部落格的目的反而可能會變成展示生活。簡而言之就是本末倒置。但是，試著反向思考，若要充滿熱情地展示生活，不就要瘋狂著迷於某件事才行嗎？這麼看來，或許

【後記】

規律的今日，無限的明天

我人生中的黃金時期是什麼時候？其實我也不清楚。對我而言，比起人生黃金時期，退休時機和退休後生活這個課題更重要。

當我知道我要有第二個小孩時，我便決定轉部門到電視劇部。身為一個綜藝PD必須對流行趨勢敏感，因此上了年紀的人很容易被調離這個職位，而有名的電視劇PD們即使年齡屆滿退休，他們還是能夠保有熱情地工作。不巧的是，當時出現了像這樣的傳聞。

「反正電視劇大半都是委外製作，有必要付月薪請電視劇PD嗎？乾脆所有電視劇PD都委外吧。」

可惡！要是電視劇部門委外化的日子來臨，我就必須卑躬屈膝地重回綜藝部門的懷抱了。

「部長！我在電視劇部學會了很多東西，如果您讓我再次執導情境劇的話，我一定能做得很好。」

萬一連綜藝部門也委外化的話，我就必須轉向編輯部。

「像我這種既做過綜藝也做過電視劇的導演真的很少。有過各種製作現場經驗的我不正是最適合編輯部的人選嗎？」

如果連編輯部都不要我的話，我只好到對外事務部了。

「我啊，其實原本是口譯出身喔。而且我也寫過一本『學好英文的方法』的書。我會英文，也會一點日文。我也背過一整本中文會話的書。我願意站在海外市場的最前線銷售ＭＢＣ的作品。」

要是這樣都不接受我，我也只能去廣告部了。

「我啊，以前當過業務員。沒有任何ＰＤ像我一樣瞭解行銷心理。廣告業務員的工作，請交給我就對了！」

如果所有的地方都不收留我，那我想我就去新媒體政策組好了。

「我甚至寫了一本書就只為了研究新媒體。我就是那個做足準備的人才。」

我想在ＭＢＣ做到退休。身為一個老年得子的父親，我打算盡全力在這家公司生存下去。

等退休年資到了，退休後我仍想繼續工作。為此，我每天規律地持續進行社群媒體的活動。在姜泓烈的《韓國大趨勢》一書提到，未來的職業將面臨五種變化。第一，由勞動為主轉為知識為主。第二，固定員工轉為游牧員工。第三，單向傳播的教育轉為雙向互動學習。第四，勞動和休閒將由分離轉為融合。第五，單線順序型生涯轉為多線型生涯。

當了部落客之後，我發現我對於這種變化沒有太大的恐懼。部落客的生活基本上就是分享知識的生活。此外，自由撰稿人也不是固定的職業。經營部落格明明就是一件玩票性質的事，久而久之卻讓人覺得有點像工作了。在部落格上寫文章這件事本身就是學習。我們以前的生活是在青少年時期學習，在中年時學以致用工作，到了老年就進入休息階段。然而，隨著壽命延長，退休後仍有三十年的人生要活。這三十年不能只是休息，要持續不斷地學習，讓自己迎合新興的變化才行。

再者，考量到我的二女兒敏書，我必須一直工作到六十歲以上才行。我以退休為目標，準備向韓國觀光公社提出以下的創業計畫書。

「我把人生中三十年的光陰獻給了電視劇導演一職。現在我退休了，我想將韓流電視劇做成觀光商品，希望能對提升韓國形象付出一些貢獻。我製作了名為《K-Drama 101》的YouTube影片，目的是向全世界介紹韓國電視劇，而這件事我已經持續做了二十個年頭。我的創業目標是在二〇二五年韓國訪問年時，邀請我在世界各地的其中三萬名YouTube訂閱者來拜訪韓國。」

萬一電視劇觀光的事業進展不順的話，我打算到各個大學進行巡迴演講。我會寄mail到各個大學事務處促成自己的演講。

「我是經營免費PD學校的人氣部落客兼前任電視劇PD。附件是我上傳到YouTube的我的課程影片供您參考。為了那些有志成為PD的學生，我準備了一年制、一學期制，以及短期特別演講等課程，教學內容是以拍攝現場的經驗為基礎的多元課程。」

此外，我打算平常一邊看網路課程，一邊持續研究如何把課教好。

我在大學一年級時曾開設英文學習同好會，並曾向大家募集過社團標語的點子。那時我提出的標語被選上，至今社團的辦公室裡仍然掛著當時一九八七年的標語。

「因為有規律的今日，未來才寬廣無限。」

究竟，我們人生的黃金時期何時會到來？我個人希望黃金時期一輩子都不要來臨，因為沒有什麼事會比想到全盛時期已過去還要傷心。我想抱持著全盛時期尚未來臨的信念一直活下去。

國家圖書館出版品預行編目資料

你今天寫了嗎？寫出斜槓人生的深度練習法／金敏植著；黃孟婷譯．——台北市：大田，2019.01

面；公分．——（Creative；132）

ISBN 978-986-179-548-5（平裝）

177.2　　107018590

Creative 132

你今天寫了嗎？
寫出斜槓人生的深度練習法

作　　者｜金敏植
譯　　者｜黃孟婷

出 版 者｜大田出版有限公司
台北市 10445 中山北路二段 26 巷 2 號 2 樓
E-mail｜titan3@ms22.hinet.net　http：//www.titan3.com.tw
編輯部專線｜（02）2562-1383　傳眞：（02）2581-8761
【如果您對本書或本出版公司有任何意見，歡迎來電】

總 編 輯｜莊培園
副總編輯｜蔡鳳儀　編輯｜陳映璇
行銷編輯｜翁于庭
校　　對｜金文蕙／黃薇霓
內頁設計｜陳柔含

初　　刷｜2019 年 01 月 01 日　定價：300 元
總 經 銷｜知己圖書股份有限公司
台　　北｜106 台北市大安區辛亥路一段 30 號 9 樓
TEL：02-23672044 ／ 23672047　FAX：02-23635741
台　　中｜407 台中市西屯區工業 30 路 1 號 1 樓
TEL：04-23595819　FAX：04-23595493
E-mail｜service@morningstar.com.tw
網路書店｜http://www.morningstar.com.tw
讀者專線｜04-23595819 # 230
郵政劃撥｜15060393（知己圖書股份有限公司）
印　　刷｜上好印刷股份有限公司
國際書碼｜978-986-179-548-5　CIP：177.2/107018590

填回函雙重贈禮♥
①立即送購書優惠券
②抽獎小禮物